탐
진
치

탐진치

탐 — 욕심을 버려라
진 — 분노를 참고 견디어라
치 — 어리석음에서 깨어나라

🍃 운월야인 진각

참글세상

머리말

 책을 항상 들고 다니고 독서를 즐기는 분이라면 필시 마음에 여유가 있는 분일 것입니다. 봄이면 푸릇푸릇한 풀숲에 앉아서, 여름이면 시원한 나무그늘 밑에 앉아서, 가을이면 낙엽이 흩날리는 공원 벤치에 앉아서, 겨울이면 눈 내리는 창가에 앉아서 마음의 양서를 집어 들고 한 줄, 한 줄 읽노라면 이 세상 어디에서도 그 아름다운 여유로움을 찾기 힘든 것을 경험하곤 합니다.

 이제 빈승이 엮어 내놓는 두 번째 책 "탐·진·치"는 우리가 살아가면서 버려야 할 세 가지의 독, 즉 삼독을 말합니다. 바로 탐내고(貪慾), 성내고(塵埃), 어리석음

(愚癡)을 말합니다.

탐·진·치는 모든 수행자의 기본이 되는 공부입니다. 현실 사회에서는 더욱 이 세 가지의 독을 제거해야 합니다. 중생이 살아가는데 제일 걸림이 되는 것이 이 삼독이며, 수행자에게 방해가 되는 것 또한 바로 이 삼독입니다.

"탐내는 것은 좋지 않다.", "성내어 보았자 자기만 손해다." 이런 것은 누구나 잘 압니다. 그러나 사람들은 그렇게 잘 아는 것조차 자주 잊어버립니다. 탐내고 성내는 것만 잘 다스려도 어리석음은 면할 수 있습니다.

오늘 이 한권의 책 속에서 만나는 이야기들은 바로 여러분 자신의 이야기일 수도 있고, 또 우리 이웃의 그저 평범한 이야기일 수도 있습니다. 그렇지만 그 평범한 찰나의 순간을 그냥 흘려보내는 것이 아니라 그 속에서 깨우침을 구하고, 그 깨우침을 구한 뒤에는 '참 나'를 다듬어 가는 것이 참사람인 것입니다.

탐·진·치는 청정하던 자성을 어지럽히기도 하고 자신을 망쳐 놓기도 하기에 불교에서는 우리 중생들이 버려야 하고, 멀리해야 하는 가장 큰 세 가지의 독이라고 합니다.

그런데 이 삼독을 없애려고 하면 꼭 경계를 당하고, 때론 항상 대립관계에 있다 보니 없애기가 그리 쉬운 일은 아닙니다. 그러나 그 마음을 돌이켜 보면 삼독은 원래 없는 것이기에 일으킨 경계도 또한 공적(空寂)한 마음을 반조해 보면 그 삼독이 저절로 사라지고 쓰러진다는 것입니다.

지옥이나 천상이라는 것은 '나'의 마음에서부터 갈리는 것이고, 탐욕심을 버리고 청정심을 기르고 성내는 마음을 잘 다스려 없애면 거기에서 선근(善根)이 싹을 틔우고 자라게 되는 것입니다.

이번에 여러분 곁에 다가선 이 탐·진·치의 책 한권은 바로 여러분의 이야기이며, 그것은 또한 우리네 삶 속에서 스쳐가는 찰나의 순간인 것입니다. 그 찰나의 순간 속에서 지옥계에 살겠느냐 아니면 천상계에 살겠느냐 하는 작은 깨침의 도반이 되고자 합니다. 그리고 빈승은 이

책을 손에 쥔 여러분들과 함께 탐·진·치를 놓고 천상을 향하는 도반이 되고 싶습니다.

  이 한권의 책으로 여러 독자 분들과 좋은 인연의 시간이 되었으면 하는 바람으로 이렇게 간략하게나마 서면으로 인사를 올립니다.

  여러분의 마음속에 간직한 희망을 잘 가꾸고 길러서 이루어지기를 진심으로 부처님 전에 발원하며, 늘 행복하시고 복 많이 지으시면서 좋은 일 많이 있기를 바랍니다.

운월야인(雲月野人)

진각(珍覺) 합장

목 차

머리말 5

탐 욕심을 버려라

자신을 의지처로 삼아라 15

간절한 기도 공덕 21

윤회 29

기도의 은덕 33

다이어트와 인욕바라밀 44

시작하는 마음 50

입춘과 삼재팔난 53

평등한 세상 만들기 61

선근의 씨앗을 심자 65

동냥그릇 69

내 배 채우기 74

마군들의 장난 77

욕심으로 파멸에 이르는 나 83

죽음의 극복과 두려움 92

무주상보시의 기쁨 104

마음에 틈이 생기면 마가 침노한다 110

진 분노를 견디어라

생각을 잃어가고 있는 우리 119

복 밭에 뿌린 씨앗 124

화두 찾기 131

보살의 네 가지 미묘한 성행(性行) 136

이 세상에 영원한 것은 없다 144

불신을 극복하는 길 154

선근의 기쁨　161

하늘에서나 땅에서나　166

나의 참 모습은 어디에　171

참회는 수행의 시작이며 끝이다　177

세 가지 종류의 마음　185

열 가지의 인욕행　189

등불의 주인은 바로 등불을 켠 사람　198

발 없는 말이 천리를 간다　204

치 어리석음을 깨우쳐라

인생의 가을을 풍요롭게　213

부자마음, 거지마음　219

세 가지 변하지 않는 진리(三法印)　225

겁(劫)이란　234

길 아닌 길　241

지도자의 바른 선택　246

마음과 확신　253

떠들고 우쭐대지 마라　258

인간은 위대한 존재　264

마음속 보물찾기　269

빛나는 지혜　276

번뇌를 이르는 말　279

일을 미루지 말자　289

부처님이 주신 지팡이　295

참회하며 참회하며　299

애리가(哀離歌) - 여자의 아픔　302

제 1 장
탐 욕심을 버려라

자신을 의지처로 삼아라

"자신을 등불로 삼고 자기를 의지처로 삼아라.
법을 등불로 삼고 법을 의지처로 삼아라."

《아함경》에 나오는 말씀 가운데 부처님께서 열반에 드실 때 제자들에게 남긴 말로 부처님이 돌아가신 후에 우리들이 의지해야 할 것을 가르쳐 주신 말씀입니다.

"탐욕 때문에 왕과 왕은 서로 다투고, 바라문은 바라문끼리 다투며, 부모는 자식과 다투고, 형제끼리 친구끼리 서로 다투게 된다. 다투고 욕하다가 그 노여움을 이기지 못하여 결국 몽둥이를 들거나 칼을 휘둘러 서로 죽이며 전쟁을 일으키기도 한다. 탐욕 때문에 사람들은 생명을 해치고 남의 재물을 빼앗으며 간음과 거짓말을 한다. 그리하여 몸과 마음과 생각으로 갖가지 악을 지어 그 과보로 온갖 고통을 받게 된다."

《중아함경》의 《소고온경》에 나오는 이야기입니다. "자유롭고 평등하게 태어난 인간이 사유 재산의 성립과 함께 불평등하게 되었다."는 루소의 견해에서도 볼 수 있듯이 인간은 자기만의 소유를 위한 탐욕이 생기면서부터 타인의 희생을 통하여 자기의 이익을 취하기 위해 온갖 악을 저지르게 되었습니다.

우리가 흔히 느끼는 것입니다만 계율을 지킨다는 이유로 물에 빠져 허우적거리는 여인의 신체에 손을 대지 않아 한 여인이 죽어가게 하는 소승불교의 소극적 계율처럼 법을 지킨 것이 결국은 개인이나 전체에게 별 이익이 안 되고 손해를 끼치는 경우가 종종 있습니다.

　그래서 우리가 많은 예를 들고 공부하는 이들이 표상으로 삼아 진리의 길로 들어가는데 참고로 삼는 "노파의 집 태우기" 화두의 중요성을 느낍니다.

　옛날에 한 노파가 살았습니다. 그녀는 외동딸을 데리고 스님을 바깥채에 모시고 20년 동안 정성껏 모셨습니다. 노파는 어느 날 스님의 공부를 시험해 보기로 하고 딸을 시켜 스님에게 가서 안기라고 했습니다. 딸은 시키는 대로 밥상을 들고 들어가 갑자기 스님에게 안기며 물어보았습니다. "스님, 이럴 때 마음이 어떻습니까?" 그러나 스님은 미동도 없이 앉아있다가 말했습니다. "그대의 몸이 목석과 같이 느껴져 아무런 동요가 없소이다." 그 말을 전해들은 노파는 화가 나서 스님을 내쫓고 집을 불태워 버렸습니다.

　부처님의 가르침은 우주의 진리를 깨닫는 데 있고, 우

주의 진리를 깨닫는 목적은 온 중생에게 참 자비를 실천하는 데 있습니다. 그런데 스님은 무엇인가를 원하는 중생에게 여자라는 이유로 뿌리치고, 인정의 따스함을 느끼지 못하였으니 공부하는 목적을 상실한 것이라 여기고 불을 질러 버린 것입니다.

이렇듯 지혜와 자비는 법의 양면성입니다. 법의 진행이 지혜라면 묘용을 일으키는 것은 자비인 것입니다. 이것이 바로 인정이 넘치는 법입니다. 법은 아무리 잘 만들어졌다 하더라도 지키지 않으면 그 법은 이미 법이 아닌 것입니다. 법의 의미에 맞는 불교의 단어는 계율입니다. 부처님이 제시한 가르침은 구속과 차별을 넘어선 내용이며, 바로 우리가 이루어야 할 것입니다. 계율을 지키지 않으면서 깨달음을 얻고자 하는 것은 모래로 밥을 짓고자 하는 것과 같다는 말처럼 수많은 사람들이 유익하고자 사회적 약속으로 정해 놓은 그 규칙을 지키지 않으면서 사회의 평화와 자신의 이익이 추구될 것으로 믿는 것은 그야말로 헛된 망상에 지나지 않습니다.

"전설로 내려오는 일이라 해서 믿지 말고, 훌륭한 스승의 말이라 해서 믿지 말고, 마을 사람 전체가 믿는 것이라 해서 믿지 말고, 책에 경전에 씌어 있는 말이라 해서 믿지 말고, 스스로 조용한 곳에서 골똘히 생각해서 옳은 것이라 판단이 섰을 때 믿도록 하라." 라는 말이 《파티마경》에 있습니다. 그리고 《법구경》에서도 "견해나 전해 내려오는 학문이나 계율, 서원 등에 의존하지 말라."고 하셨습니다. 스스로에게 의지하며 자신을 등불로 삼는 참불자가 되시기 바랍니다.

간절한 기도공덕

 우리의 나약해진 몸과 흔들리는 마음을 어떻게 불심(佛心)으로 추스를 수 있을까요?

 이것은 절망 속에서는 절대로 할 수 없습니다. 우선 기도와 정진, 그리고 사경수행을 통하여 조금씩 자신을 추스르다 보면 저절로 근기가 생기고 어떤 어려움도 극복할 수 있는 지혜가 반드시 열리게 되어 있습니다.

 일제 말 강태희 씨의 이야기를 예로 들어보겠습니다.

 강 씨 집안은 대대로 수천 석씩 쌀농사를 짓던 가문이었습니다. 어린 시절에는 남부럽지 않게 지내왔지만 가산을 탕진하고 집안이 몰락해 버리자 살아갈 만한 의욕마저 상실한 채 깊은 병에 들고 말았습니다.

그래서 그 집안은 부인이 떡장수를 하면서 근근이 연명하고 살았습니다. 그런 와중에 자명 스님은 강 씨가 절에 화주한 것에 대한 답례로 그 집을 찾아갔습니다. 강 씨는 병색이 짙은 수척한 몸으로 자명 스님을 맞이하였습니다.

강 씨 집은 단칸방에 마루도 없는 오두막인데다가 집마저 한쪽으로 기울어져가는 곳이었습니다. 천석꾼이었던 가문이 이처럼 몰락하리라고는 아무도 예상하지 못했던 일이었습니다.

자명 스님은 딱한 처지에 놓인 강 씨에게 정중하게 말하였습니다.

"문중 산기슭에 절을 짓게 해 주셔서 감사하다는 말씀을 전해 드리려고 찾아 왔습니다."

"스님께서 이렇게 누추한 곳을 찾아주셔서 오히려 감사합니다. 저는 불교를 잘 알지는 못하지만 조상 때부터 믿어 왔으며, 지금도 좋아하고 있습니다. 저의 문중 산에 절을 지으셨다니 참으로 다행스럽고 잘된 일입니다."

기운이 없어서 간신히 말을 있는 강 씨의 얼굴에는 식은 땀이 흐르고 있었습니다.

자명 스님은 그를 진심으로 위로했습니다.

"부처님께 귀의하십시오. 내 힘으로 능히 할 수 있는 일을 남의 힘에 의존하여 해결하려고 하는 것은 나쁘지만 혼자의 힘으로 어쩔 수 없는 경우에는 부처님께 귀의하고 정성껏 기도하는 것이 제일입니다. 원하는 일이 나쁜 일이 아니면 부처님께 정성껏 빌어서 안 되는 일이 없습니다. 기도를 한번 정성껏 해 보시지요."

"지금의 제 형편을 보시면 아시겠지만 이런 형편인데 어떻게 정성을 올릴 수 있겠습니까?"

"정성은 물질로 치성을 드리는 것이 아닙니다. 정성스런 마음만 가득 담으면 됩니다. 그리고 지극한 마음으로 부처님께 정화수 한 그릇을 올리시고 절하십시오. 절을 하기 힘들면 불보살님의 명호만이라도 일심으로 불러도 됩니다."

"말씀은 감사합니다만 그게 어디 쉬운 일입니까?"

"마음만 간절하면 언제 어디서든 기도하면 됩니다. 부처님은 아니 계신 곳이 없으며, 모르시는 일이 없으십니다. 그러나 근기가 얕은 사람은 환경의 영향을 받기 때문에 신앙생활이 어렵고 지저분한 환경 속에서는 정결한 생각이 일어나지 않습니다. 그러므로 좋은 환경을 만들기 위해서는 깨끗한 환경이 필요합니다.

지금 살고 계신 집에서는 기도나 병 치료가 어려울테니 우리 절에 오셔서 정진하셨으면 합니다. 소승이 함께 염불을 해드리겠습니다."

강 씨는 스님의 배려에 너무 감사했으나 부처님께 올릴 공양물은 커녕 자기가 먹을 양식도 지참하지 못할 처지라 주저했습니다.

스님은 그런 강 씨의 마음을 헤아리고 다시 정중하게 위로해주었습니다.

"어려워 마시고 찾아오십시오. 제가 성심껏 도와드리

겠습니다."

그로부터 십여 일이 지난 어느 날이었습니다.

자명 스님이 저녁 예불을 마치고 막 법당을 나서는데 마당에 초췌한 몰골을 한 강 씨가 서 있는 것이었습니다. 강 씨는 수척해진 몸으로 20여 리 길을 온종일 걸어오면서 몸이 많이 지쳐 있었습니다.

스님은 그에게 방을 하나 주면서 말했습니다.

"우선 쉬고 지내면서 '관세음보살'을 염송하십시오."

그는 스님의 말씀에 따라 관세음보살을 일심으로 외우며 보냈습니다.

어느덧 겨울이 가고 봄이 되었습니다. 그 동안 강 씨의 몸은 예불을 올릴 수 있을 만큼 좋아졌습니다.

하루는 강 씨가 꿈을 꾸게 되었습니다. 어느 노인이 나타나서 불그스레한 물을 한 그릇 주면서 마시라고 하는 것이었습니다. 그것을 받아 벌컥 벌컥 마셨는데 아침에 일어나보니 몸이 여느 때 보다 훨씬 가벼워진 것을 느낄 수 있었습니다.

강 씨는 간밤에 꾼 꿈이 너무 신기해서 스님께 말씀드렸습니다. 스님은 반가워하며 말했습니다.

"아마도 관세음보살님이 처사님의 지극 정성에 감동하시어 병을 낫게 해 주신 것 같습니다. 나무 관세음보살!"

강 씨는 더욱 신심을 내서 큰 소리로 "관세음보살, 관세음보살"을 불렀습니다.

그 후 그는 놀라울 정도로 빠르게 건강을 회복했습니다. 절에 온 지 몇 달 만에 병이 완치된 그는 가벼운 걸음으로 산을 내려왔습니다.

강 씨 가족들은 몰라보게 건강해진 그의 모습을 보고 매우 놀랐습니다.

워낙에 불심이 깊은 집안이라 강 씨가 건강을 되찾게 되자 더욱 그 집에서는 관세음보살을 염송하는 소리가 아침저녁으로 끊이질 않았습니다.

그리고 떡장수를 하던 부인이 물감을 팔기 시작한 후 돈을 많이 벌어 가게를 낼 만큼 번창하게 되었고, 가족들도 모두 소원을 이루어 다시 몇 년 만에 그 지역에서 제일가는 갑부가 되었다고 합니다.

지금까지 강태희 거사의 영험담을 소개해 드렸는데 무엇을 느끼셨습니까?

이처럼 모든 것을 빨리 이루겠다는 기대는 버려야 합니다. 급한 마음으로는 마음만 앞설 뿐 아무런 소득이 생기지 않습니다. 그저 묵묵히 꾸준하게 수행을 하다보면 자신도 모르는 사이에 무엇인가 지혜의 문이 열리게 되어 있습니다. 지금 상황이 고통스럽다고 해서 단숨에 모든 것을 해결해 보려고 절간에 틀어 앉아 부처님께 매달려 보았자 아무것도 이룰 수 없습니다.

평소에 부처님을 가까이 찾아 친견하면서 끊임없이 정진해야 합니다. '스님에게 공양물을 많이 올렸으니까 내가 하는 일이 잘 될 거야'라는 잘못된 생각들이 마음속에 자리 잡고 있다면 얼른 떨쳐 버려야 합니다. 삿된 마음과 삿된 욕심으로 올리는 기도는 그 공덕이 이루어지지 않습니다. 그런 소원들이 며칠이란 단 기간에 이루려고 하는 것 자체가 큰 착각입니다.

　기도를 하면서 반드시 생각해야 할 것은 타인을 위한 진정한 마음입니다. 자기 자신의 이기적인 욕심을 버리고 어려움에 처한 사람을 위하여 기도해 보십시오. 그러면 즐겁고 행복해집니다.

윤회

인생이란 어디서 왔다가 어디로 가는가?
태어남은 마치 한 조각 뜬구름 일어나는 것.
죽음 역시 한조각 뜬구름 사라지는 것.

  인생이란 정말 마치 뜬구름처럼 허망한 것인가 봅니다. 그래서 옛 성인들께서 우리 인생을 저 높은 하늘에 떠다니는 한 조각 뜬구름에 비유하기도 하고, 빈손으로 왔다가 빈손으로 간다(空手來空手去)고도 합니다.
  우리의 육체는 인연 따라 태어나고 인연이 다하면 죽

지만, 우리의 주인공인 마음은 태어남도 죽음도 없습니다. 그러나 이 신령스런 존재는 업력에 이끌려 이 세상에서 저 세상으로 끝없는 여행을 하는데, 이것을 윤회라고 합니다. 비유하여 말하면 밤하늘의 달과도 같은 것입니다. 밤하늘에 두둥실 떠서 밤길을 훤히 밝히던 밝은 보름달도 아침이 되어 태양이 떠오르면 그 모습을 찾을 수 없지만 그렇다고 없어진 것이 아닙니다. 지구의 반은 낮이고 지구의 반은 여전히 그 모습을 드러내 은은한 달빛을 토해내고 있습니다. 우리의 생사는 바로 이 달이 뜨고 지는 현상과 같이 본래의 주인공은 달과 같아 죽는다고 해도 아주 없어지는 것이 아니라 다른 세상에서 그 모습을 드러냅니다. 달은 단지 밤과 낮 사이를 윤회하지만 인생은 육도를 윤회합니다. 천상, 인간, 지옥, 아귀, 축생, 아수라의 여섯 가지 세상을 육도라고 합니다.

  우리 중생들은 이 육도를 수없이 왕래해 온 것이고 금생에는 다행스럽게도 인간으로 태어났습니다. 중생이 육도를 윤회하는 것은 업력에 의해서 입니다.

선한 행위를 하면 좋은 결과를 가져오고 악한 행위를 하면 괴로운 결과가 찾아오는데 그러한 결과가 바로 업력입니다.

사람이 죽었을 때 육신은 모두 흩어져 지·수·화·풍으로 돌아가지만 자기가 뿌리고 거두는 업력만은 흩어지지 않고 제8아뢰야식이라는 심왕식을 끌고 수업수생하는 것입니다.

우리가 금생의 인연이 다한 후에 좋은 곳에 태어나려면 살아 생전에 많은 선업을 지어야 합니다. 그리고 이 세상 인연이 다하여 다음 생으로 떠나는 영가에게는 업장 소멸하여 좋은 곳에 태어나도록 49재, 천도재를 해 줍니다.

우리 인간이 죽으면 목숨이 다한 즉시 다음 생을 받을 수도 있습니다. 그렇지 않은 이는 임종 후 7일 동안 중유(中有)라는 형태로 살아 있으면서 다음 생을 찾게 되는데 처음 7일 안에 다음 행선지가 결정되지 않으면 또 다시 7일간 중유로 머뭅니다. 이렇게 7일씩 일곱 번이 되풀이 되는 동안에 거의 대부분 새로운 인연을 따라 탄생

하지만 더러는 이 49일을 넘기고도 다음 생을 얻지 못해 중음신으로 남아 허공에 머무는 수도 있다고 합니다. 이 경우는 이 세상에 대한 애착심, 집착심이 너무 강하기 때문에 생기는 것입니다.

  육도윤회는 자기가 행한 업의 과보로 이 생에서 죽으면 반드시 육도 중 한 군데에 다시 태어난다는 것입니다. 불교 수행의 완성은 이 육도윤회에서 벗어나 진정한 깨달음을 이루는 것입니다.

기도의 은덕

우리가 살아가는 이 사바세계에는 언제나 고난이 끊이질 않습니다. 이 고난은 중생을 슬프게만 합니다. 중생이기 때문에 슬픈 것이 아니라 고난이 끊이지 않기 때문에 슬픈 것입니다. 그렇다면 생로병사의 변멸 속에서 살고 있는 우리 중생들을 구제해 주실 분은 누구일까요? 이 육체의 고통과 이 욕망의 갈증을 풀어줄 분은 누구일까요? 바로 관세음보살님입니다. 흰 옷을 입고 흰 연꽃위에 한 손에는 불사의 감로수를 담은 감로병을 들고 우리가 살고 있는 사바세계에 바로 관세음보살님이 나타나신 것입니다.

거룩한 성관음,

천 개의 눈으로 중생의 고통을 살피시고,

천 개의 손길로 끝없이 중생을 평온으로 인도하는

그 이름 바로 천수관음이십니다.

우리는 급할 때 부릅니다. "관세음보살!" 자신도 모르게 튀어나오는 단어입니다. 이것은 바로 우리가 어머니 다음으로 찾는 가장 필요한 분이기 때문입니다. 불교를 믿거나 안 믿거나 우리의 선조들은 그렇게 살아왔습니다. 그것은 우리나라에 이어져온 불교의 관음신앙이 뿌리내려 있었기 때문입니다. 바로 어머니 이상으로 마음 구석에 자리 잡으신 것입니다.

관세음보살은 지극한 사랑을 베푸는 최후의 구원자로서 우리에게 가장 필요한 안식처이며 귀의처입니다. 끊임없이 자비를 베풀어 모든 중생들의 고통을 없애주시는 분입니다. 가정에서 큰 일이 있을 때마다 또는 밖에서 아이가 넘어져 피를 흘리거나 아이가 아파서 병석에 누워 있을 때에도 우리 어머니들은 아픈 아이의 배를 쓰다듬어 주시면서도 늘 "관세음보살!"을 부르셨습니다.

옛날 남인도의 마열바질 국에는 장나 장자와 마나사라 부인이 살고 있었습니다. 금슬이 좋은 그들은 결혼한 지 10여 년이 지나도록 자식이 없어 안타까워했습니다. 어느 날 그들은 천묘신전에 가서 기도를 했습니다.

"제석을 비롯한 모든 천신들이여! 아무쪼록 굽어 살피시어 귀한 옥동자를 내려 주시옵소서. 만일 저희에게 자식을 주신다면 많은 복과 덕을 쌓아 그로 하여금 모든 중생의 의지처가 되게 하겠나이다."

간절하고 정성스러운 기도가 헛되지 않아 그들 부부는 아주 잘 생긴 아들을 낳았고, 3년 뒤에는 또 한 명의 아들을 낳았습니다. 기쁨을 이기지 못한 장나 장자는 이름 있는 관상가를 청하여 두 아들을 보여 주었습니다.

관상가는 아이들은 보고난 후 "이 두 아이는 용모가 단정하고 여러 가지 묘한 모습을 갖추었으나 일찍 부모를 여의게 될 운명입니다. 큰 아이는 이름을 '조리(早離)'라 하고, 작은 아이는 '속리(俗離)'라 하는 것이 좋겠습니다."라고 하였습니다.

'조리'는 일찍 헤어진다는 뜻이요, '속리'는 빨리 헤어진다는 뜻입니다. 이런 예언을 들은 부부는 몹시 불안하였지만 그것도 잠시뿐 아이들의 재롱 속에서 행복한 나날을 보냈습니다. 그런데 조리가 일곱 살이 되었을 때 어머니 마나사라는 갑자기 병으로 죽게 되었습니다. 그날부터 장나 장자와 어린 두 형제는 슬픔 속에서 살아야 했고 주부가 없는 집안 살림살이는 그야말로 엉망이 되어 버렸습니다. 예나 지금이나 어느 가정이든 마찬가지입니다. 집안에 남자가 없으면 그리 궁상맞지는 않으나 여자가 없으면 늘 엉멍이 됩니다. 마침내 주위 사람들의 권유에 따라 장나 장자는 사랑하는 두 아들을 잘 키워야겠다는 일념으로 새 아내를 맞아들였습니다. 그녀는 죽은 아내와 생김새도 비슷하고 아이들을 잘 돌보았으므로 장자의 집안은 오래지 않아 다시 예전 같은 안온과 평온이 찾아들어 단란하게 살았습니다. 그러나 그것도 잠시뿐 어느 해 큰 흉년이 들게 되자 식량이 없어 굶어죽는 사람들이 계속 이곳 저곳에서 늘어만 갔습니다. 장나 장자도 식량을 구해 오기 위하여 이웃 나라로 자주 길을 떠났습니다.

처음에 아이들을 잘 돌보았던 새 어머니는 보름 만에 돌아오기로 한 남편이 한 달이 지나도록 오지 않자 그녀는 초조해지기 시작했으며, 마침내는 걷잡을 수 없는 이기심에 휩싸여 사람으로서는 도저히 할 수 없는 끔직한 생각을 하게 되었습니다.

'이토록 돌아오지 않는 것으로 보아 남편은 분명히 죽은 것이 틀림없어. 내가 혼자서 저 아이들을 뒷바라지 하며 살아 갈 수 있을까? 아니야, 저 아이들을 위해 나의 남은 생을 허비하기에는 내 젊음이 너무 아까워서 안 돼. 나도 내 인생이 있지 않은가. 더군다나 유산은 모두 아이들에게 돌아가 있으니 나의 장래에 있어 조리와 속리는 가장 큰 장애물이며 이것이 바로 눈의 가시이다. 장애물은 일찍 제거할수록 좋고 가시는 빨리 빼낼수록 좋겠지.'

마침내 새 어머니는 아이들을 무인고도에 버려 굶겨 죽이기로 작정하고 뱃사공 한 사람을 매수했습니다. 그리고는 아이들에게 경치 좋고 맛있는 과일이 많은 섬으로 놀러 가자고 꼬드겼습니다. 너무나 기뻐하는 아이들을 데리고 남해의 무인고도 보타락가산에 도착한 새 어머니는 아이들에게 음식을 준비하는 동안 섬을 돌아다니며 화초를 꺾고 조개껍질도 주우며 놀고 있으라고 말했습니다.

 아이들은 단순하지요? 그 형제도 새어머니를 조금도 의심하지 않고 새어머니가 일러준 대로 그냥 신나게 놀았습니다. 그러나 그 섬에는 맛있는 과일도, 아름다운 꽃도 섬 어디를 보아도 찾을 수 없었습니다. 두 형제는 새 어머니가 있던 곳으로 다시 되돌아와 보니 새 어머니와 배도 보이지 않았습니다.

 "어머니! 어머니!"

 아이들의 애절한 부름을 듣지 못한 듯 배는 먼 바다 저쪽으로 까마득히 사라지고 있었습니다. 먹을 것이라고는 찾아 볼 수 없는 무인고도에서 조리와 속리는 굶주림에 시달리며 아버지와 돌아가신 어머니를 하염없이 생각했습니다. 그리고 어둠이 깔리면서 추위와 두려움을 견디기 위해 둘이서 꼭 껴안고 밤을 지새웠습니다. 그렇게 지내기를 며칠 기진맥진한 조리와 속리는 돌아가신 어머니가 손짓하고 있는 듯한 알 수 없는 기운을 느꼈습니다. 마지막이라는 것을 깨달은 조리는 속리를 붙들고 일어서서 조용히 속삭였습니다.

"속리야, 어머니가 돌아가실 때 꼭 훌륭한 사람이 되어야 한다고 당부하셨단다. 그런데 훌륭한 사람이 되어 보지도 못하고 우리가 어머니 곁으로 가는구나. 속리야, 우리는 어머니의 유언을 지켜야 한다. 우리가 지금 죽을지라도 혼일망정 성현이 되고 보살이 되어 고통 받는 이들의 의지처가 되고 그들을 구하자구나.

세상에는 부모를 잃은 우리와 같은 아이들이 얼마나 많겠느냐. 우리는 그들에게 부모의 모습으로 나투어 감싸주고 의지가 되어 주며, 또는 어린이의 몸을 나타내어 친구가 되어 주자. 세상에는 우리처럼 헐벗고 굶주리는 이

가 무수히 많을 것이다. 그들에게 부자의 몸을 나타내어 의복과 양식을 주자.

그리고 이 넓은 바다에서 폭풍우를 만나 조난당하는 이들이 얼마나 많겠느냐. 우리는 죽은 다음에 이 섬의 높은 산에 머물면서 조난당하는 그들을 수호하고 구제해 주자.

또 많은 나라 중생들 중 부처님을 만나지 못해 구제를 받지 못하는 자가 얼마나 많겠느냐. 우리는 그들 앞에 부처의 몸을 나타내어 구제해 주자.

또 벽지불, 성문, 범왕, 제석, 자재천, 대자재천, 천대장군, 비사문천, 소왕, 장자, 거사, 재관, 바라문을 만남으로써 구제해 주고, 비구·비구니, 우바이·우바새를 만나야 구제 받을 수 있는 이가 있으면 그러한 몸을 나타내어 구제해 주고, 동남동녀·천·용 등의 팔부신중과 금강신을 만나야 구제 받을 수 있는 이가 있으면 그러한 몸을 나타내어 구제해 주자. 병고에 신음하는 자에게는 역왕신의 몸을 나타내어 병든 이의 병을 낫게 해 주고, 흉년이 들어서 굶주리는 자에게는 오곡과 잘 익은 과일을 주어 구제해 주자."

이렇게 32가지의 원을 세운 조리는 속리를 꼭 끌어안고 천천히 눈을 감고 그만 숨을 거두었습니다. 조리가 숨을 거두자 속리도 따라 숨을 거두었습니다. 그 뒤 조리는 '관세음보살'이 되고 속리는 '대세지보살'이 되었습니다.

때로는 함께 때로는 홀로 중생들을 그 어떠한 조건없이 구제하여 깊은 깨달음의 세계로 인도하고 계신 것입니다. 누구나 억울한 죽음을 맞게 되면 증오하고 욕을 하며, 미워하고 원한을 품을 것입니다. 그러나 조리는 달랐습니다. 사랑하는 어머니의 유언을 생각하고 불쌍한 동생을 달래면서 오히려 "자기들처럼 불쌍한 사람을 보살펴 주는 존재가 되자."는 크나 큰 원을 세우게 됩니다.

이것이 바로 관음신앙입니다. 관세음보살은 기도를 열심히 하면 하나도 남김없이 다 그 소원을 들어 주시는 분입니다. 한 점 증오심 없는 순결한 소원을 일으켜 크나 큰 힘을 얻었고, 마침내 관세음보살이 될 수 있었습니다.

우리가 관음기도를 하면서 남이 못되고 나 잘되기를 바라는 게 아니라 바로 조리와 같은 마음을 갖고 조금도 원망하거나 증오하지 않고 자신의 운명을 기꺼이 받아들이면서 기도에 임해야 합니다.

관세음보살의 능력은 끝이 없습니다. 실제로 관세음보살께 의지하여 가피를 입고 고난과 고통에서 벗어난 사람들이 매우 많습니다.

새로 시작하는 초발심과 일념으로 하루도 게을리 하지 말고 기도해야 합니다.

그렇게 기도하다 보면 내 안에 무엇인가의 응어리가 풀어지고 내가 찾던 그 무엇인가가 나도 모르게 이루어집니다. 그게 바로 무인고도에서 32가지의 서원을 세우신 관세음보살님의 화현으로 가피를 입는 것입니다.

다이어트와 인욕바라밀

 가을은 천고마비의 계절이라고 일컬어지는데 이는 하늘은 높고 말이 살찐다는 뜻이라는 것은 모두가 잘 아시리라고 봅니다.

 하늘이 높다는 것은 기후가 좋다는 뜻이요, 말이 살찐다는 것은 먹거리가 풍부해져서 식욕이 왕성해진다는 뜻이기도 합니다.

 말(馬)만이 아니라 사람들도 가을이 되면 식욕이 왕성해지는데 스스로 뚱뚱하다고 생각하는 사람은 반드시 절제해야 하는 시기이기도 합니다.

특히 요즘은 옛날과 달리 먹거리가 너무 많아서 비만해지는 사람들이 많은데 어른들은 물론이고 아이들까지도 점점 그렇다고 하니 걱정입니다.

어느 정도 뚱뚱한 거야 별 문제가 되지 않겠지만 키에 비해서 비정상적으로 살이 찌는 사람은 조심해야 합니다.

평소에 체중 관리를 잘하면 굳이 다이어트를 하지 않아도 되겠지만 먹고 싶은 것 마음대로 먹다가 어느 날부터 갑자기 살을 빼려면 힘들 게 마련입니다.

어느 집에 여고생 딸이 있었는데 남들보다 뚱뚱해서 친구들에게 놀림을 받았습니다. 하루는 살을 빼서 날씬한 몸매를 가져야겠다는 큰 결심을 하였습니다.

식구들에게 선포를 하고 먹는 양을 최대로 줄이고 기름기 있는 음식은 절대로 먹지 않기로 하고, 채소와 과일만 먹기로 결정을 하였던 것입니다.

친구들과 어울려 음식점에 가는 일도 극구 사양했습니다. 그렇게 하루 이틀을 보냈습니다.

그런데 사흘째 되던 날 밤이 되자 배가 고파서 도저히 잠을 잘 수가 없었습니다.

방에 드러누워 무심코 쳐다본 천장의 무늬가 크림빵으로 보이고, 핫도그로 보이고, 햄버거로 보였습니다.

이래서는 안 되겠다고 생각하면서도 먹고 싶은 욕망을 도저히 뿌리칠 수가 없었습니다.

식구들은 모두가 잠들었고 견디다 못해 부엌으로 달려가 냉장고를 열어 보았지만 불행인지 다행인지 먹을거리가 없었습니다.

그리고는 밥통을 열어보았는데 밥이 조금 남아 있었습니다.

밥을 보자 허겁지겁 달려들어 "에라 모르겠다. 먹고 죽은 귀신은 때깔도 좋다더라." 하면서 먹기 시작했습니다. 밥통을 다 비웠지만 양이 차지를 않았습니다. 일단 먹는 데 발동이 걸리다 보니까 더 이상 참을 수가 없었던 것입니다.

시간은 아직 밤 12시 5분 전, 식구들 몰래 밖으로 나가 아직 문을 닫지 않은 마트로 가서 빵과 음료수를 한 보따리 사들고 정신없이 집으로 뛰어 들어와 먹기 시작했습니다.

얼마나 맛있던지 흐뭇해하면서 포식을 했습니다. 그러나 결과는 아주 참담했습니다.

얼마 후 그 아이의 방에서 비명소리가 들리고 결국 그 아이는 병원으로 실려 갔습니다. 병원에서 그 아이는 장절제수술을 받아야만 했습니다. 빈속에 너무 많은 음식을 먹었던 것입니다.

여기서 말하고자 하는 것은 비만증의 예방이나 치료에 대한 얘기가 아니고, 또 갑자기 많이 먹고 병원에 간 그 아이의 얘기를 하려는 것도 아닙니다.

저는 뚱뚱해졌다는 것을 항상 달리 생각합니다. 뚱뚱해진 사람들, 특히 그런 아이들을 볼 때마다 느끼는 것이지만 뚱뚱해진 데는 그만한 이유가 있습니다.

요즘 아이들을 잘 살펴보면 도무지 움직이려고 하지 않습니다. 아이들은 먹고 난 뒤에 바로 컴퓨터 앞에 앉아서 지내거나 공부에만 매달리다 보니 운동을 할 만한 시간적인 여유도 없거니와 아예 다른 것에는 관심도 없는 게 으름뱅이가 많다는 것입니다.

세월의 변화를 무상하다고 합니다. '항상 그대로 있는 것은 없다' 라는 뜻입니다.

오늘을 잘 참고 지내면 내일이 행복한데 오늘을 잘 참지 못하니 내일이 늘 불행하다는 얘기와도 같습니다.

참는다는 것이 무엇입니까? 바로 인욕바라밀이지 않습니까?

인욕이란 '참는다' 는 것이요, 바라밀이란 '저 언덕을 넘어간다' 는 뜻입니다. 참을 수 있는 사람만이 저 언덕을 넘을 수 있다는 말입니다. 저 언덕이란 바로 반야의 언덕이기도 합니다.

학생들에게는 저 언덕이 대학입학이 될 수도 있으며, 불자들에게는 저 언덕이 곧 성불입니다.

참는 것은 아름다운 것입니다. 부부의 다툼도 서로가

참지 못하는 데서 일이 크게 터지고, 친구들 간에 의가 상하는 것도 서로가 참지 못하는 데서 일어납니다.

부처님은 우리 중생에게 이 값진 인욕바라밀을 가르쳐 주셨지만 우리들은 그 인욕바라밀을 행동으로 옮기지 못하고 있습니다.

인욕바라밀은 삼천 배를 몇 번만 해 보면 저절로 생긴다고 소승은 늘 얘기합니다. 그러나 삼천 배 도전을 해 보려는 사람은 많아도 막상 실천으로 옮기지 못하는 불자들이 많은 것이 늘 안타깝습니다.

삼천 배는 극기훈련도 아니요, 삼천 배는 이루지 못할 일도 아닙니다.

삼천 배는 자신을 낮추고, 자신의 죄업장을 참회하는 일이며, 삼천 배는 전생·금생·내생의 '나'를 찾게 해 달라는 일입니다.

내일을 편안하게 보내려면 오늘 도전을 해 보시기 바랍니다. 새로운 내일이 기다리고 있을 것입니다.

시작하는 마음

새해 아침에 어떤 사람이 종념 선사에게 물었습니다.
"올 한 해 어떻게 마음을 쓰시렵니까?"
종념 선사가 말했습니다.
"그대들에게는 하루 12시간이 그대들을 부려먹지만 나는 내가 12시간을 부려먹는다."

지금이야 24시간이지만 옛날에는 자·축·인·묘·진·사·오·미·신·유·술·해 12지간을 계산하여 12시간이라고 했습니다.

"졸지 말고 눈을 뜨고 있어라."

"장래에도 절대로 속지 마라."

이 말은 사언 스님이 수행에 들면서 늘 자신에게 자문자답하던 말입니다.

한 해가 시작될 때 많은 사람들이 설레며 들뜨기도 하지만, 또 한편으로는 어떻게 어려움에서 빠져 나갈 길은 없는가 하고 태산 같은 걱정을 보듬고 앉아서 소망보다는 현실의 갑갑함에 앞에 있는 벽만을 바라보기도 합니다.

주인은 항상 능동적이며, 하인은 늘 수동적입니다. 내가 시간의 주인이 되면 내가 시간을 부려먹을 수 있지만, 내가 시간의 하인이 되면 시간이 나를 부려먹게 마련입니다. 주인이 되어 보지 못한 사람들은 하인의 비애를 잘 압니다. 그러면 하루속히 하인의 비애에서 빠져 나올 길은 없을까요? 있습니다. 바로 내가 시간의 주인공이 되는 것입니다.

열심히 일해도 자기 것이 아닌 인생, 복은 복대로 다 까먹고 새 복은 짓지도 못하는 그런 인생을 올해는 살지 말아야 합니다.

선방에서는 "두량 족난 복팔분(頭凉 足暖 腹八分)"이라는 말을 사용합니다. 이 말은 선방에서 오래전부터 전해지고 있는 생활규범으로 머리는 시원하게, 발은 따뜻하게, 배는 가득 채우지 말고 조금 부족한 듯하게란 뜻입니다. 고요한 몸과 마음에는 욕망이 깃들지 않는다고 하였습니다.

배불리 먹을 수 있는 생활, 푹신한 이불 속에 파묻혀 하룻밤 자는 일, 남이 주니까 넙죽 넙죽 받아만 먹는 일이 삶을 윤택하게 해줄 수는 없습니다.

올 한 해 버릴 것은 과감히 떨쳐 버리고 조금 더 느리고 조금 더 더디더라도 자신에게 무리한 계획은 세우지 마시고 적절한 계획을 잘 세워 "소욕지족"하고 "두량 족난 복팔분"하시기 바랍니다.

올 한 해에도 복 많이 지으시고 만나는 이에게 항상 자비스런 미소와 대자비심을 내어 복되고 알찬 삶으로 윤택해 지기를 바랍니다.

입춘과 삼재팔난

해마다 입춘이 되면 새해의 무사안녕을 기원하는 원화소복(遠禍召福)의 기도와 삼재팔난(三災八難)을 면하기 위한 기도를 합니다.

입춘은 부처님 오신 날이라든지, 성도절이나 열반절 또는 우란분절처럼 불교의 명일은 아닙니다. 입춘은 역법상 24절기 가운데 가장 처음에 해당되는 절후로 이 날을 기점으로 봄이 시작된다는 날입니다. 입춘은 대개 양력으로는 2월 4일경, 음력으로는 정월에 해당하며 이때부터는 햇볕이 점점 따뜻해지고 실질적으로 봄이 된다고 하

여 옛날에는 입춘에 대한 행사들이 참 많았다고 합니다.

민간에서는 집과 점포에다가 "입춘대길(立春大吉) 건양다경(建陽多慶)"의 주련을 써서 기둥이나 문설주에다 붙여 두기도 하고, 또 "세재(歲在)○○ 만사여의형통(萬事如意亨通)" "수여산(壽如山) 복여해(福如海)" "소지황금출(掃地黃金出) 개문만복래(開門萬福來)" 등을 써서 천장 또는 대문 등에 붙였는데, 글씨는 명필보다는 10세 전후의 아동의 글씨를 높이 샀고, 꼭 절입하는 시각에 붙였습니다.

예전이나 지금이나 마찬가지겠지만 새해가 되면 금년만은 그 어느 해보다 복된 해가 되고, 경제적으로는 그 어느 해 보다도 더 풍족하기를 기원하는 면에서는 동일할 것입니다.

봄 춘(春)자는 풀 초(草)자 밑에 모을 둔(屯)자를 놓고 날 일(日)로 받친 글자로 햇볕을 받아 풀의 싹이 움터 나오는 때를 가리키는 글자입니다.

미국의 시인 에머슨은 봄에 대해 이렇게 노래했습니다.

"봄이면 아직 내 마음에도 봄이 찾아든다.
60이 된 지금에도……
사랑은 두근거려 내 마음을 새롭게 하여
우리는 결코 늙지 않는다.
엄동의 빙하 위에
나는 한 여름의 찬란함을 간직하고
황량하게 쌓인 눈 밑에
따뜻한 장미송이를 본다."

그런데 언제부터인지는 모르지만 우리 절집에서는 입춘이 되면 마치 삼재소멸기도를 올리는 날, 또는 삼재풀이를 하는 날로 인식되어 왔습니다.

삼재팔란이란 무엇일까요? 불교에서 말하는 삼재란 여러분이 생각하는 것처럼 간단하게 설명할 수 있는 것이 아닙니다. 우리가 사는 세상, 즉 이 우주는 성립기 · 존속기 · 파괴기 · 공막기 등 네 기간이 무궁하게 순환하면서 생명변천하고 있습니다. 이를 성겁(成劫) · 주겁(住

劫) · 괴겁(壞劫) · 공겁(空劫)이라고 하는데, 주겁의 일
정기, 즉 이 세상이 성립되어 일정한 모습을 갖추고 존재
하는 기간에는 중생들에게 작은 세 가지의 재앙인 소삼
재가 나타나고, 괴겁의 말기에는 세계를 파괴하는 세 가
지의 대재앙이 있게 되는데 이를 대삼재라고 합니다. 대
삼재에는 괴겁, 즉 우주가 파괴될 때 오는 삼재로 화재 ·
수재 · 풍재를 말합니다.

소삼재는 사람들이 서로 흉기를 찔러 죽이는 도병재,
나쁜 질병이 유행하는 질역재, 가뭄으로 굶주리는 기아
재 등 세 종류의 재앙을 말합니다. 이 세 가지 재액을 각
각 겁화, 겁수, 겁풍이라고 합니다.

팔난도 교학적으로는 몇 가지의 해석 방법이 있습니다
만 우리가 직접 피부로 느낄 수 있는 것으로는 왕난(王
難), 적난(賊難), 화난(火難), 수난(水難), 병난(病難),
인난(人難), 비인난(非人難), 독충난(毒蟲難)을 들 수
있습니다.

이 삼재팔란을 달리 말하면 우리가 세상을 살아가면서

당면하게 되는 모든 재앙과 환란이라고 할 수 있습니다.

삼재는 보통 3년 동안 머무릅니다. 첫 해의 삼재를 들삼재라고 하는데 삼재가 들어온다는 뜻이고, 두 번째 해의 삼재는 눌삼재, 즉 삼재가 머무른다는 뜻이며, 마지막 해의 삼재를 날삼재, 즉 나가는 삼재라고 합니다.

그렇다면 어떻게 우리가 원치 않는 이 삼재팔란 없이 순풍에 돛단 듯 인생을 항해할 수 있을까요? 사실 우리가 살면서 순풍에 돛단 듯 무사히 항해한다는 것은 불가능한 일입니다. 왜냐하면 예측할 수 없는 많은 일들이 우리의 인생항로에서 무수히 잔재하며 우리를 기다리고 있기 때문입니다.

문제는 어느 정도의 재난을 겪으며 그나마 조금 무사히 항해를 하느냐에 달린 것입니다.

부처님께서는 인생을 바다에 비유하여 고해(苦海)라고 말하였습니다. 고해가 무엇인지는 잘 아실 것입니다. 고통의 바다라고 보면 됩니다. 우리는 바로 이 고통의 바다를 무사히 건너서 반야의 언덕을 넘지 않으면 안 됩니다.

우리가 불교를 신봉하는 이유는 이 고통의 바다를 큰 사고 없이 잘 건너서 저 반야의 언덕에 이르는 것입니다.

입춘 기도에서 우리가 삼재팔란을 소멸케 하여 주십사 하고 기도를 올리는 까닭도 바로 거기에 있는 것입니다. 이 모든 문제가 어쩌면 사람의 마음에 있을지도 모릅니다.

《화엄경》에서 "일체유심조(一切唯心造)"라고 했듯이 온갖 형상은 모두가 그 사람의 마음에 의해서 일어난다는 뜻입니다. 인생 항로에 있어서의 길흉화복도 바로 마음의 그림에 불과한 것입니다.

그러므로 삼재를 면하고자 한다면 겉으로 나타난 형상인 그림자에 집착하지 말고, 그 그림자를 만들어 내는 본체인 마음에 관심을 가져야 합니다. 마음을 잘 쓰면 삼재가 오히려 삼복이 될 수도 있습니다. 보통 많은 업을 지은 사람들이 삼재에 그 과보를 되돌려 받는다고 합니다.

평상시에 얼마나 많은 복을 지었느냐, 아니면 얼마나 많은 죄업을 지었느냐에 따라서 바로 이 삼재 기간에 그 과보가 되돌아오는 것이라고 보면 정확할 것입니다.

입춘은 무언가 새로운 희망을 갖게 하는 절기입니다. 죽은 듯 움츠리고 있던 나뭇가지들도 새싹을 틔울 준비를 하는 시기입니다. 꽁꽁 얼어붙었던 땅속에서도 노란 새싹들이 기지개를 켜는 신비로운 순간입니다.

우리 다 같이 불심이라는 천하무비의 부처님의 품 안에서 삼재의 불기둥을 잠재우고, 삼재팔란을 영원히 잊을 수 있게끔 마음을 곱게 하고 바른 보살행을 이루어 언제 닥칠지 모르는 고통의 바다를 무사히 건널 수 있도록 준비해야 하겠습니다.

악한 마음과 악한 행동을 하는 사람에게는 삼재팔란이 절대로 비켜 가질 않습니다.

평등한 세상 만들기

우리 사회의 양면을 보여 주는 일이 있었습니다.

겨우 중학교에 입학한 한 여학생이 생활고를 비관하다가 두 여동생에게 쥐약을 탄 사이다를 같이 나누어 먹고 자살을 기도했는데, 막내는 하늘로 가고 두 아이는 살아난 끔찍한 사건이 있었습니다.

한편에서는 가난이 서러워 자살을 생각하는 아이가 있는가 하면, 또 다른 한편에서는 너무 많이 먹어서 비만인 어린이가 늘어나 어린 나이에 성인병에 걸려 혈압과 당뇨가 생기고 있습니다. 고기가 사람에게 좋네, 채소가 사람에게 더 좋네 하면서 빈부의 격차를 보여주듯 빈곤한 사람들을 울리는 그런 세상입니다.

《열반경》에 보면 부처님께서 문수보살에게 이렇게 말했습니다.

"온갖 중생은 음식으로 살아가고, 온갖 기운 센 이는 마음속에 질투가 없고, 온갖 사람들은 음식으로 병이 들고, 온갖 수행자는 안락함을 받느니라."

문수보살은 부처님께 "이러하온데 세존이시여! 지금 춘다의 음식으로 공양을 받사오니, 장차 여래께서 공포가 없겠나이까?" 하고 여쭈었습니다.

어느 날 부처님께서 '춘다' 라는 신도로부터 공양을 받으셨는데 그 공양은 독이 든 버섯요리가 들어 있었다고 합니다. 부처님은 이 독이 든 버섯을 잡수시고 병이 더 중하게 되어 열반하셨다고 합니다.

부처님은 춘다의 공양에 독버섯이 들어 있다는 사실을 알고 다른 제자들에게는 먹지 못하게 하였지만 부처님께서는 춘다의 성의를 거절하지 않고 공양을 받으신 것입니다.

그래서 문수보살이 부처님께 위와 같은 질문을 한 것입니다. 그러나 부처님께서는 문수보살에게 다시 이렇게 말했습니다.

"중생들이 모두 먹고 사는 것이 아니고, 기운 센 사람이 모두 질투심이 없는 것이 아니고, 사람들이 모두 음식에 병든 것이 아니고, 수행자가 모두 행을 닦아 안락한 것이 아니다."

아무리 기름진 음식을 먹어도, 영양식이다 웰빙이다 하는 음식을 먹어도, 육신은 생이 다하면 한 줌의 흙으로 돌아가야 합니다.

이쪽이 어려우면 저쪽이 다가와 자비와 보시를 베풀어 이쪽이나 저쪽이 같이 행복한 삶을 살아야 합니다. 만물 중에서 풀잎 하나라도 약이 되지 않는 것이 없듯이 모든 사람들 중에 한 사람이라도 부처가 되지 않는 사람이 없는 그런 불국토가 다가와야 우리의 삶이 윤택해지고 행복해집니다.

참다운 공양이란 곡식과 채소 같은 물질뿐만 아니라 바

로 부처님의 깨달음과 가르침을 실천 수행하는 것입니다. 이것을 법식(法食)이라고 하는데 이것이야말로 이쪽과 저쪽이 다 같이 잘 사는 사회가 되는 양식입니다.

욕심을 버리고 감사하는 마음으로 먹는 음식은 비록 소찬일지라도 우리를 건강하게 합니다.

우리들은 무엇이 좋다 나쁘다 하는 일시적인 유행에 우왕좌왕 하지 말고 늘 감사하는 마음으로 부처님의 법식을 기본 찬(饌)으로 하여 육신뿐만 아니라 정신까지도 건강해지는 공양을 해야 합니다.

이쪽 저쪽 모두 어두운 그림자가 생기지 않게 말입니다.

선근의 씨앗을 심자

　우주만물은 공(空) 속의 기(氣)이며, 이 기의 알맹이 없이는 만물이 구성될 수조차 없다고 합니다. 그래서 우주란 기 그 자체이며, 기가 곧 우주라고 합니다.

　이러한 기는 매 십년을 주기로 년월일시분 그리고 몇 초까지도 쉬지 않고 그 성질을 다르게 변화시키고 있습니다. 운명학이나 기학에서는 사람이 태어날 때 어떤 성질의 기가 운행하는 절기인가에 의해서 일생동안 그 기의 속성에 지배를 받는다고 말하고 있습니다. 이것을 우리는 운명이라고 말하기도 합니다.

그래서 예로부터 천문학이 있어 풍운의 조화를 가늠했고 음양오행학과 역학이 있어 인간의 부귀빈천과 길흉화복을 추리해 왔으며, 이 학문에만 통철하면 풍운과 화복의 변화를 알 수 있다고 했습니다.

 하지만 이것이 학문으로 자리 잡는 데는 인과응보라는 종교적 관점이 많은 작용을 했다는 사실을 인정하지 않으면 안 됩니다. 즉 생년월일시를 통해 사람이 태어난 기의 형질을 판단할 수 있게 체계화함으로써 과거세의 업을 이해하고 알 수 있게 했던 것입니다.

 사람은 반드시 업의 작용에 의해서 그 업에 맞는 때와 장소에 태어나게 되어 있습니다. 그러므로 과거세에 잉태시켰던 원인에 대한 응보를 받게끔 이 세상은 절묘하게 안배되어 있는 것입니다.

 많은 사람들이 입춘만 되면 미리 자신의 업을 알아보기도 하고, 또 미리 알아본 바에 따라서 이를 소멸해 나갈 방도를 찾기도 합니다.

 이처럼 자신의 운명을 미리 알아 소멸의 길을 찾는 것

도 삶의 지혜라 할 수 있겠으나 더 중요한 것은 미리 선업의 작용으로써 내 운명을 움직일 수 있도록 해야 한다는 것입니다.

그렇다면 선업을 짓게 하는 기(氣)란 무엇일까요?

그것은 바로 우리에게 있는 불성(佛性)이라는 것입니다. 우리들에게 있는 그 불성을 올바르게 잘 움직이면 저절로 선업을 짓게 되며, 그로 인해 좋은 과보를 받는 운명으로 자연스레 바뀌게 된다는 것입니다.

이는 입춘부작(入春符作)으로 한 해의 삼재팔난(三才八亂)을 막고자 하는 일보다 더 근본적인 방법으로 액을 소멸할 수 있는 길인 동시에 영원히 삼재팔란을 만나지 않고 행복하게 살 수 있는 길을 닦는 일입니다.

봄이면 우리 주위의 땅에 곡식의 씨앗이나 꽃씨를 심듯이 우리가 사는 이 세상에 부처님의 씨앗을 심어야겠습니다.

봄이 되면 나무들이 잎을 나고 꽃을 피우는 자연의 이치와 같이, 땅에 씨앗을 뿌려 좋은 열매를 맺고자 하는 농부의 마음과 같이, 사람 사는 세상에 부처님의 씨앗을 뿌려 놓으면 저절로 세상은 불국정토가 되는 것입니다. 그렇게 된다면 해마다 때마다 삼재부적을 준비하지 않아도 되며 항상 희망이 솟고 사계절 내내 만복이 깃들게 되어 있으니 이 얼마나 지혜로운 삶이 아니겠습니까?

부처님의 씨앗이란 것이 별도로 존재하는 것이 아니라 내 마음의 가장 청정한 그 한가운데 있는 것이라는 것을 잊지 않고, 내가 존재하는 한 나를 둘러싸고 있는 이 세상을 향해 어느 곳, 어느 누구에게라도 그 청정한 마음을 아낌없이 뿌려야 합니다.

동냥그릇

왕이 아침에 궁 밖으로 산책을 나갔다가 길가에 앉아 동냥을 하고 있는 거지를 만나게 되었습니다. 왕은 거지에게 물었습니다.

"그대가 원하는 게 무엇인가?"

거지가 낄낄거리며 대답했습니다.

"내 소원을 다 들어줄 것 같이 말씀하시는구려."

왕은 정색을 하며 다시 물었습니다.

"어허! 다 들어주고 말고 그게 뭔가? 어서 말해 보게."

거지는 다시 말했습니다.

"다시 한 번 더 생각해 보시지요."

왕이 재차 물었습니다.

"그대가 원하는 건 무엇이든 다 들어주지. 내가 바로 왕이란 말일세. 왕인 내가 들어주지 못할 게 뭐가 있겠는가?"

거지는 이어서 다시 물었습니다.

"아, 그래요? 아주 간단합니다. 이 동냥 그릇이 보이시지요? 여기다 뭘 채워 주시렵니까?"

왕은 "그야 어렵지 않지."라고 말하고는 곧 신하들에게 명령을 했습니다.

"이 동냥 그릇에 돈을 가득 담아 주어라."

신하가 재빨리 돈을 한 줌 가져와 동냥 그릇에 담았습니다. 그런데 그릇에 담은 돈이 흔적도 없이 사라져 버리는 것이었습니다. 신하가 다시 돈을 가져와 그릇에 담아 보았지만 역시나 돈은 또 흔적도 없이 사라져 버리는 것이었습니다. 아무리 돈을 갖다 부어도 거지의 동냥 그릇은 채워지지가 않았습니다. 그러자 왕궁에서는 난리가 났습니다. 그 소문이 퍼지면서 백성들이 벌떼처럼 몰려들었고 왕의 위신이 위태로운 지경에 놓이게 되었습니다.

마침내 왕이 말했습니다.

"내 재산을 모두 잃어도 좋다. 난 각오가 되어 있다. 그러나 저 거지에겐 절대 승복할 수 없다."

급기야 갖가지 보석들이 날라졌고 왕궁의 보물창고가 바닥을 드러내기 시작했습니다. 그런데도 거지의 동냥 그릇은 여전히 텅 비어 버리는 것이었습니다. 이윽고 해가 기울기 시작했습니다. 왕이 조용히 나서더니 거지 앞에 무릎을 꿇었습니다.

"내가 졌소. 당신이 이겼소. 딱 한 가지만 묻겠는데 떠나기 전에 말해 주시오. 이 동냥 그릇은 대체 무엇으로 만들어진 것이오?"

거지가 낄낄 거리면서 대답했습니다.

"이것 말이오? 이게 무엇으로 만들어졌는지 아직도 모르겠소? 그건 사람의 마음이오. 별것 아니라니까요. 그저 사람의 욕망으로 만들어진 것이란 말이오."

사람들이 지니고 있는 마음은 억만 개의 욕망 덩어리로 만들어진 동냥 그릇이며, 이 마음의 그릇에 무엇인가를 한없이 채우려는 것입니다. 지금 우리에게는 가지고 있는 것, 입은 것, 먹는 것, 곁에 있던 가족들이 있지만, 자신이 영안실 침대에 누울 때는 어느 것 하나 갖고 눕지 않습니다. 죽은 사람에게 입혀주는 옷에는 그런 이유로 주머니가 없는 것입니다. 욕망의 덩어리가 크면 클수록 가지고 있는 번뇌와 탐욕에 젖어 죄업을 짓는 것입니다. 욕망은 자신을 파멸시키는 지름길입니다. 행복을 찾으려는 우리에게 가장 귀한 것이 무엇인지를 알고 잘 사는 방법을 찾는다면, 그것은 바로 불성을 찾고 자비를 행하는 길입니다.

내배채우기

 소를 보면 여러분은 어떤 생각을 하십니까? 소는 듬직하고, 우직하다는 생각을 하겠지요. 돼지를 보면 어떻습니까? 지저분하고 더럽고 미련하다고 생각하겠지요. 여우를 보면 어떤 생각이 먼저 떠오릅니까? 아마 교활하고 약삭빠르다는 생각이 들 것입니다. 쥐를 보면 어떤 생각이 먼저 떠오릅니까? 징그럽고 더럽고 흉측하다는 생각이 들 것입니다. 또 뱀을 보면 어떤 생각이 듭니까? 징그럽다는 생각이 제일 먼저 들겠지요.

 만약 쥐나 뱀이 자신의 앞으로 지나간다면 어떻겠습니

까? 순간적으로 온 몸에 소름이 돋고 가슴도 벌렁벌렁하고 소스라치게 놀라게 될 것입니다. 아무리 무서움을 타지 않는 사람도 갑자기 자기 앞에 나타나는 쥐나 뱀을 보면 평상심을 잃게 됩니다.

그런데 한번 생각해 봅시다. '우직하다', '미련하다', '교활하다', '징그럽다', '더럽다' 등 이런 생각을 하는 것은 누구입니까? 바로 '나' 자신입니다. 본래 여우가 교활합니까? 그렇지는 않습니다. 우리가 그렇게 생각하는 것입니다. 뱀이 본래 징그럽습니까? 뱀은 동물 상태에서 생존하기 위해 그렇지 진화된 것뿐이지 징그럽다고 하는 생각은 바로 나에게 있는 것입니다.

인간의 생각이 만든 허상을 마치 실제 동물의 성격이 본래 그런 것처럼 망념을 갖는 것입니다. 사람은 이렇게 자신의 생각으로 만든 모든 망념을 사실로 여기고 거기에 '좋다' '나쁘다'는 생각을 갖게 됩니다.

《반야심경》의 "불생불멸(不生不滅) 불구부정(不垢不淨) 부증불감(不增不減)", 즉 태어남과 죽음, 더러움과 깨끗함, 늘고 줄어드는 것은 본래 없다는 가르침처럼 만물을 있는 그대로 볼 때 자연에 대한 미망으로부터 벗어날 수 있습니다.

불교의 오계 중에서 첫째가 바로 불살생입니다. 함부로 생명을 죽이지 말라는 것입니다. 이것은 앞에서 말한 것처럼 동물을 중심으로 바라보고 자기의 편리에 따라 잡아 먹고 살생하는 행위는 해서 안 된다는 것입니다. 모든 생명을 부처로 보고, 작은 미물마저도 진정으로 자비롭게 여길 줄 아는 게 바로 반야의 언덕을 넘어가는 불자들이 해야 할 일입니다.

먹고 살기 위해 혹은 영양을 보충해야 한다는 명분 아래 우리는 살생을 하여 배를 채우려 합니다. 과연 내 배를 채우기 위하여 남의 생명을 죽여야 하는가를 꼭 한번 생각해 볼 때입니다.

마군들의 장난

가시리 가시리잇고
바리고 가시리잇고
날러는 엇디 살라하고
바리고 가시리잇고
잡사와 두어리마나난
선하면 아니 올세라
셜온 님 보내옵나니
가시는 듯 도셔오쇼셔.

이 〈가시리〉란 노래의 두 음절만 보면 보통의 이별가와 다를 바 없습니다. 그러나 맨 끝의 '가시는 듯 도셔오쇼셔'라는 부분 때문에 사람들은 보내는 사람의 진심이 무엇인지, 그리고 지금은 떠나는 매정한 사람이지만 언젠가는 다시 돌아올 것이라는 느낌을 갖게 합니다.

 김소월의 〈진달래꽃〉도 마찬가지입니다.

 날 버리고 떠나는 사람의 발걸음마다 꽃을 뿌려 준다고 했습니다. 가는 길가에 꽃까지 뿌려 이별의 아픔을 달래겠다는 그 극적인 감정의 승화, 이것이 바로 우리나라의 사람들이 지니고 있는 내면의 힘, 유능제강(柔能制剛)의 힘이라 할 수 있을 것입니다. 인생의 영원한 승리자가 되기 위하여 그리고 긴 안목을 갖고 살아가는 사람을 위해서 유능제강의 힘으로 마(魔)를 물리치는 것이 어떨까요?

 부처님께서는 이렇게 말씀하셨습니다.

 "저 모든 마군은 모든 번뇌, 망상 중에 있는 것이며, 너는 묘각 가운데 들어 있어, 저 마군이 아무리 신통을 다하여 도를 파괴하려 해도 이는 바람이 태양의 광명을 불어 옮기려 하는 것과 같고, 칼로 물을 베고자 하는 것과 같아서 조금도 서로 상관이 없다.

만약 마음이 요동하면 마(魔)의 장애를 이룰 것이다. 그렇지 아니하면 너는 끓는 물과 같고, 범부 하늘과 마와 모든 귀신들은 얼음과 같아서 더운 기운이 가까이 오면 곧 녹는 것과 같이 아무리 신통력이 있어도 쓸모가 없다."

새해가 되면 누구나 새로운 다짐을 하게 됩니다. 올해에는 아무 탈 없이 지내게 해달라는 기도와 함께 꼭 무엇인가를 얻게 해달라고 기원을 합니다. 그 기도가 바로 마(魔)없이 한 해를 보내고 싶은 간절한 마음인 것입니다. 가족이 건강하기를 바라는 사람은 병마가 없기를 바라고, 성공하고 싶은 사람들은 실패의 마가 없기를 바랍니다. 그런데 그 마라는 것은 요사스럽고 잡된 무리의 장난으로만 오는 것이 아니라 자신의 업에 의해 만들어지기도 합니다. 그러므로 어떤 장애에 부딪혀 어려움이 생겼다고 해서 남의 탓을 하거나 남을 원망하는 마음을 내어서는 안 됩니다.

나를 가난하게 만드는 마(魔), 나를 병들게 하는 마, 나를 외롭게 하는 마, 나를 미치게 하는 마, 나를 술 마시게 하는 마, 나를 죄짓게 하는 마 등 일체의 마는 내가 번뇌 망상을 벗어나면 사라지는 것이니 우선 굳은 신심으로 업을 소멸하는 기도를 통해 조금씩 그것을 벗어 버리는 기도를 해야 합니다.

내면의 힘을 기르기 위해서는 먼저 참회기도를 통하여 나를 돌아보는 나의 내면에서 행복을 방해하고 있는 번뇌 망상으로부터 벗어나야 합니다. 마군이 나를 괴롭히는 것이 아니라 내가 나를 괴롭히는 것이므로 스스로의 마음부터 다스려야 마가 나를 더 이상 괴롭히지 못하는 경지에 오를 수 있게 됩니다. 물론 수행하는 사람들에게도 마는 있습니다. 수행을 방해하고, 도를 이루지 못하도록 방해하고 훼살을 부리는 일들이 있습니다. 그래서 부처님께서는 마로부터 자유로우려면 사부대중이 너나 할 것 없이 계를 철저히 지켜야 한다고 하셨습니다. 출가승이 계서를 읽고 재가불자들이 삼귀의, 오계·팔계 등을 지켜야 한다는 것은 바로 마로부터 보호하고자 하는 것입니다. 지금은 국가적으로나 세계적으로나 어느 한 곳도 평온한 곳이 없습니다. 문명은 첨단과학을 이루고 그야말로 최고의 문명혜택을 받고 살면서도 행복하게 산다고 말하는 사람들보다 점점 살기가 어렵고 힘들다고 말하는 사람들이 더 많습니다.

어느 곳에서는 고액과외로 자식을 가르치지만 어느 곳에서는 연필 한 자루 사줄 처지가 못 되어 가르침조차 포기하고, 어느 곳에서는 맛있는 음식과 영양가 있는 음식을 찾아다니지만 어느 곳에서는 아침은 물론 점심·저녁도 굶고 거리를 방황하며, 어느 곳에서는 더 예뻐지고 젊어지려고 수술대에 오르지만 어느 곳에서는 마지막 남은 실낱같은 희망에 모든 것을 걸고 수술대에 오르고, 어느 곳에서는 주식과 땅값 때문에 울지만 어느 곳에서는 척추에서 피를 뽑아내느라 울고 있습니다.

지금 어떤 시련 때문에 꼭 기도를 해야겠다고 마음먹으셨습니까?

겨울만 되면 밍크코트를 입고도 더 좋은 코트를 구하지 못해 괴로워하기도 하고, 산소마스크에 의존해 하루하루를 보내고 있는 아이는 척추주사만 맞지 않아도 인생이 편할 것 같다고 말합니다.

 지금 무엇을 더 얻고 싶어서 기도를 하십니까?

 내 일을 방해하는 마군이나 나에게 행운을 가져다주는 것이 모두가 내가 어떤 마음을 지니고 사느냐에 따라 오고가는 것입니다. 되는 일이 없다고 투덜대고, 얻고 싶은 것을 얻지 못한다고 안달하지 말고 계를 지키며 마(魔)를 다스리는 힘을 길러 돌길라죄(突吉羅罪: 몸과 마음으로 짓는 나쁜 업)를 짓지 마시고 유능제강의 힘을 기르시기 바랍니다. 모두가 다 이룰 수는 없겠지만 나쁜 마(魔)는 만나지 않았으면 좋겠습니다.

욕심으로 파멸에 이르는 나

  부처님께서는 이 세상에 욕심을 절제할 줄 아는 이가 적고, 욕심을 절제할 줄 모르는 이가 너무도 많음을 한탄하시면서, 그 인과응보의 이야기를 아난 존자에게 말씀해 주셨습니다.

  옛날 잠부 주(州)에 정생(頂生)이라는 왕이 있었습니다. 그는 전륜왕으로 총명하고 지혜가 있었으며, 4종의 군사와 7보를 거느려 천하를 호령할 뿐 아니라 여의족(如意足)이라는 신통까지 갖추었으므로 무슨 일이든 마음먹은 대로 할 수 있었습니다. 아들은 천 명이나 되었고, 얼마나 풍족한 생활을 누렸는가 하면 7일 동안 궁중에서 보물을 비처럼 뿌려 무릎까지 쌓이게 할 정도였다고 합니다.

이처럼 풍족한 생활을 하던 정생왕은 서쪽 잠부 주보다 더 풍족한 고오야니 주가 있다는 말을 듣고 그곳을 차지하리라 마음먹게 되었습니다.

그에게는 여의족이라는 신통력이 있어서 마음만 먹으면 모든 일이 뜻대로 되었기에 곧 고오야니 주에 이르러 그곳을 다스리게 되었습니다.

'나는 잠부 주를 가졌고 다시 고오야니 주를 가졌다. 그런데 나는 일찍이 동방에는 품바비데하 주가 있어 지극히 크고 풍족하고 즐거우며 많은 백성을 가졌다고 들었다. 나는 이제 품바비데하 주에 가서 그곳을 다스려야겠다.'

이런 마음을 내자 곧 품바비데하 주에 이르렀고 그곳을 다스리면서 오랜 세월을 풍족하게 보냈습니다.

그러다가 어느 날 다시 이런 생각을 하게 되었습니다.

'나는 잠부 주를 가졌고, 다시 고오야니 주를 가졌고, 품바비데하 주를 가졌고, 온갖 풍족함을 다 누렸다. 그러나 일찍이 옛 사람에게서 북방에 웃다라 주가 있어 지극히 풍족하고 즐거우며 많은 백성을 가졌고, 그곳은 비록 '남'과 '나'라는 생각이 없고 또한 받는 바도 없다고 하지만 나는 이제 웃다라 주를 가보고 그곳을 다스리고 또 모든 권속을 거느리리라.'

이런 생각을 하자 정생왕에게는 여의족의 신통력이 있기 때문에 곧 웃다라 주를 손에 넣게 되었습니다. 그리하여 정생왕은 웃다라 주의 왕이 되어 오랜 세월 동안 그곳을 다스리다가 또 어느 날 이런 생각을 하게 되었습니다.

'나는 잠부 주를 가졌고 지극히 크고 풍족하고 즐거우며 많은 백성을 가졌다. 나는 칠보를 가졌고 아들 천 명을 두었으며, 또 궁중에서 7일 동안 보물을 비처럼 뿌려 그것이 무릎까지 쌓이게도 하였으며, 나는 다시 고오야니 주를 가졌고 품바비데하 주를 가졌고 웃다라 주를 가졌다. 그런데 나는 일찍이 옛 사람에게서 33천이라는 하

늘이 있다고 들었다. 나는 이제 33을 가보리라.'

정생왕은 곧 마음먹은 대로 33천으로 갔습니다. 그곳의 주인인 제석천왕은 정생왕을 반갑게 맞아 자리의 반을 내 주었습니다. 정생왕은 자리에 앉은 후 '나는 제석천왕과 모든 면에서 조금도 차별이 없었는데 오직 하나 눈깜짝이는 것만 다르구나.' 하고 생각했습니다.

그리하여 정생왕은 33천의 반을 차지하고 제석천왕과 온갖 영화를 누리면서 살았습니다.

세월이 지나자 정생왕의 욕망은 차츰 커지기 시작했습니다.

어느 날 정생왕은 이런 생각을 하게 되었습니다.

'나는 사대주를 가졌고 이제 제석천왕 자리의 반을 차지하게 되었다. 나는 제석천왕과 조금도 차별이 없다. 위의와 예절과 옷도 다름이 없는데 눈깜짝이는 것만 다를 뿐이다. 이제 제석천을 몰아내고 그 남은 반 자리를 마저 빼앗아 천인의 왕이 되어 스스로 자재하리라.'

그런데 정생왕이 이런 생각을 하자 그는 갑자기 잠부

주로 떨어져 중병에 걸려 죽게 되었습니다.

  부처님께서는 이와 같이 정생왕의 이야기를 아난에게 들려 주시고 나서 다음과 같은 게송을 말씀하셨습니다.

  "하늘이 묘한 보배 비처럼 내리어도
  욕심이 많은 자는 만족하지 않나니
  욕심이란 괴로울 뿐 즐거움이 없나니
  슬기로운 사람들 마땅히 알라.

  비록 황금을 얻어 쌓아
  설산과 같다 한들
  그 어느 하나에도 만족함이 없나니
  슬기로운 사람들 이렇게 생각하라.

  하늘의 묘한 오욕 얻을지라도
  이 오욕 즐거워하지 않고
  애욕과 욕심 끊어 집착하지 않으면

그 사람 등정각의 제자이니라."

우리들의 중생심은 첫째는 욕망은 끝이 없고 끝없는 욕망의 종말은 파멸이며, 둘째는 할 수 있는 일이라고 모두 다 해서는 안 된다는 것이며, 셋째는 욕망을 절제하지 못해 파멸에 이른 사람이라도 마음을 고쳐 바른 생각을 하면 성불할 수 있다고 하는 교훈입니다.

정생왕은 사대주를 다 얻었지만 욕심은 끝이 없었습니다. 사대주는 수미산의 사방에 있는 신화에 나오는 이야기지만 현대적으로 해석하자면 이 지구를 문화와 산물의 차이에 따라 남북과 동서로 나누었습니다.

그러므로 정생왕이 사대주를 다 차지했다고 하는 것은 이 지구 전체를 손아귀에 넣었다는 이야기입니다. 그렇지만 그는 그것으로 만족하지 못한 것입니다.

정도의 차이와 환경의 차이가 조금 있을 뿐 능히 욕심을 절제하고 욕심을 버려야겠다는 생각을 가진 사람이 과연 이 세상에 얼마나 되겠습니까?

그런데 욕심 많은 정생왕은 다른 사람이 아니라 바로 우리들 자신이라는 것입니다. 수백만 평의 땅을 차지했다고 재벌을 비난하고 수십 채의 아파트를 소유했다고 복부인을 비난하기도 하지만, 우리 자신을 되돌아 보면 우리들의 마음속에도 그런 욕심이 도사리고 있습니다.

없는 사람은 가진 것이 없어서 전세방 한 칸 못 얻어 자살을 하지만, 가진 자는 수백만 평의 땅을 아이들 장난감 다루듯 하는 세상이 되어 버렸습니다.

욕심을 절제할 줄 아는 사람들이 적고 끝없이 욕심을 부리다가 파멸에 이르는 사람이 너무도 많다는 현실이 슬픕니다.

풍족하면서도 만족을 모르면 항상 부족하고, 부족해도 만족할 줄을 알면 항상 남는다고 말씀하셨습니다. 분수를 아는 생활, 절제할 줄 아는 생활은 곧 계·정·혜 삼학을 완성해 나가는 길입니다.

너무 큰 욕심을 갖지 말고 지금 내게 있는 것으로 할 수 있는 것을 찾아보시기 바랍니다. 내게 없는 것은 그 어떤 생각도 하여서는 안 됩니다. 지금 내게 없는 것을 가지고 무엇을 하려고 찾는다면 마침내 파멸의 시간이 빨리 찾아오기 때문입니다.

지금 내게 있는 것, 그것으로 무엇을 할 것인가를 생각하며 내일을 준비하시길 바랍니다.

죽음의 극복과 두려움

《숫타니파타》의 〈대품〉 중에 있는 이 경의 제목은 '화살'이지만 부처님은 죽음에 대해서 이렇게 말씀하셨습니다.

이 세상에서 사람의 명은 정해져 있지 않아 얼마나 사는지 아무도 모른다. 애처롭고 짧아 고뇌로 엉켜 있다. 태어난 것은 죽음을 피할 길이 없다. 살아 있는 자는 반드시 죽음을 기약하고 있다.

우리는 모두가 죽을 날이 정해져 있다. 그러나 그 날을 알지 못하고 살아 갈 뿐이다. 분명 우리는 시한부 인생인 것이다.

죽음은 나이나 상하가 없으며, 또한 남과 여가 없으며, 부모와 형제의 순서도 없다. 그러므로 우리는 늘 오늘 아니 이 순간을 거짓 없이 깨끗하고 진실하며, 욕심 없고 성냄도 없이 베풀면서 항상 참회하며 지내야 한다. 그래야 내가 눈을 감을 때 세인으로부터 손가락질 받지 않고 떠날 수 있다. 죽음으로 가는 길에서 세인들로부터 손가락질을 받으며 못된 인간이란 소릴 듣는다든가 혹은 잘 죽었다는 소리를 들으며 세상을 떠나야 하겠는가?

과일은 익으면 반드시 떨어지게 되어 있다. 그와 같이 태어난 자는 죽지 않으면 안 된다.

젊은이도, 장년도, 어리석은 이도, 지혜로운 이도 모두 죽음에 굴복하지 않을 수 없다.

그들은 죽음에 붙잡혀 저 세상으로 가지만 아비도, 친척도, 그 어느 누구도 그들을 구하지 못한다.

그저 주위의 사람들은 묵묵히 죽어가는 사람을 바라만

볼 뿐 딱히 무엇 하나 도움이 되어 주질 못한다. 이렇듯 우리들에게는 항상 죽음의 두려움이 남아 있다.

여기서 부처님은 인간이 꼭 죽어야 할 처지에 있다는 것과 인간에게는 죽음에 대한 두려움이 있다는 것을 말하고 있습니다.

부처님이 출가한 동기 중에 가장 중요한 것이 죽음의 해결이었습니다. 사람들이 종교를 가지는 것이나 우리가 불교교리를 공부하는 것도 죽음에 대한 두려움이나 죽음을 올바로 맞아들이려는 의도가 강하게 깔려 있습니다.

어머니가 돌아가신 후에 절을 찾은 사람을 만난 적이 있습니다. 그 분이 불교를 믿으려는 이유는 죽음을 두려워하지 않기 위해서라고 했습니다. 그 분의 어머님이 돌아가시기 전에 너무도 죽음을 무서워해서 안타깝게 느꼈다는 것입니다.

그래서 그 분은 죽음을 무서워하지 않고 맞아들일 수 있는 힘을 가르쳐 주리라는 기대에서 불교를 찾았다는 것입니다.

　또 죽음을 두려워하는 사람을 직접 본 적도 있습니다. 불법공부를 잘하던 노 보살님이 있었습니다. 그 분은 불법을 철저하게 닦고 싶은 생각에서 육식은 물론 파, 마늘까지도 먹지 않았다고 합니다. 열심히 수행하다가 어느 날 죽음이 가까워졌음을 느꼈는지, 아들과 딸들을 불러 놓고 "나는 내일 사시에 떠날 것이니 그런 줄 알아라." 하고 유언을 남겼습니다.

　다음날 사시에 그 노 보살님이 쓰러지고 자손들은 노 보살님을 병원으로 모시고 가 온갖 약을 써 보았지만 의식만 있을 뿐 몸은 쓰지 못하게 되었습니다. 처음에는 자손들을 보고 "죽게 내버려 두지 병원에 와서 이 고생을 하게 하느냐."고 나무랬다고 합니다. 그러나 얼마 되지 않아서 노 보살님은 죽음이 두려워 의사들을 붙잡고 살려달라고 매달리며 육식이 몸을 건강하게 만들 것으로 생각했는지 고기음식을 먹으려고 했습니다. 노 보살님은 병석에 누운 지 2년 후에 돌아가셨습니다.

자손들은 자신의 어머님이 죽음을 그토록 두려워하는 것을 보고 어찌할 줄 몰라 했습니다.

이런 이야기를 알고 있는지 모르지만 송광사의 방장으로 계시던 구산 큰스님께서 열반에 들기 전에 유언을 남기셨습니다. 그 유언 중의 하나는 의외의 것이었습니다.

"내 육신에서 온기와 숨결이 떠나려고 할 때 절대로 나를 병원으로 데려가지 말아라."

구산 큰스님은 앉아서 열반에 드셨습니다.

또 한 가지 감동적인 죽음의 모습은 오대산 상원사에 계시던 한암 큰스님의 열반장면입니다. 큰스님께서는 법상에 앉아서 법문을 하시다가 깊은 생각에 잠긴 듯이 말씀을 멈추었습니다. 그리고는 그대로 열반에 드셨습니다.

어떤 기자가 그 모습을 사진기에 담았는데, 그 사진은 지금도 볼 수 있습니다. 이렇듯 죽음도 마음으로 초월 할 수 있는 것이 불교공부입니다.

《숫타니파타》를 보면 부처님께서는 젊은이나 늙은이나,

어리석은 이나 지혜로운 이나 다 같이 죽을 날짜를 받아 놓고 있다고 말합니다. 두려움 중에서 죽음에 대한 두려움이 가장 크다고 하며, 그 두려움은 인간이면 누구나 필연적으로 만나야 하는 것으로 불법의 모든 교리는 이 죽음에 대한 두려움을 여의는 공부입니다.

사성제는 죽음의 현실과 죽음의 원인과 죽음을 여윈 열반과 죽음을 여의는 길을 설명하고, 무상과 무아의 가르침은 죽음을 있는 그대로 받아들이라고 합니다. 십이인연은 죽음이 오는 도리와 죽음을 여의는 길을 설명하고, 공사상(空思想)은 목숨을 지움으로써 죽음을 지우고, 성구사상(性具思想)은 목숨과 죽음을 한꺼번에 삶의 전체 모습으로 취급하려고 합니다.

선종에서는 대사(大死), 즉 큰 죽음을 가르칩니다. 이것은 목숨을 크게 죽여 버림으로써 크게 살리려고 하는 시도입니다. 큰 죽음 뒤에만 큰 의심이 나오고, 큰 의심이 나온 뒤에야 큰 깨달음이 있을 수 있기 때문입니다.

부처님은 계속해서 말씀하십니다.

"가령 사람이 백 년을 살거나 그 이상을 산다 할지라도 친족들을 떠나 이 세상에서의 생명을 버리게 되리라."

불법은 100년 미만을 살 수 있는 우리의 목숨을 200년 300년으로 늘리려는 것이 아니고 받아들여야 할 죽음을 연장하려 하지 않으며, 짜내야 할 고름이 살이 되기를 기대하지 않습니다.

타종교에서는 육신의 부활을 이야기하고 있습니다. 불교에서도 부활과 비슷한 이야기가 있습니다. 선종의 삼처전심(三處傳心) 가운데 가섭 존자가 열반에 든 부처님의 관 앞에 나타나자 관 속의 부처님이 관 밖으로 두 발을 내보였다는 이야기가 있습니다.

그러나 이것도 이심전심을 말하기 위해서이지 부처님이 죽지 않았다는 것을 알리고자 하는 것이 아닙니다. 불교에서는 이 육신의 목숨을 길게 만들고자 하는 것이 아니라 이 목숨을 지움으로써 영원한 목숨을 보려고 하는 것입니다. 목숨이 있는 것과 없는 것, 감각기관으로 느끼는 것과 느끼지 않는 것을 같이 만듦으로써 세상의 전체

목숨과 나의 목숨을 같은 것으로 만들려는 것입니다.

한국인과 외국인이 우리나라 방송을 시청할 때 한국인은 그 말을 알아들을 수 있지만 한국어를 모르는 외국인은 알아들을 수가 없습니다. 그렇고 해서 그를 사람이 아니라고 할 수는 없습니다. 그는 분명히 사람입니다. 외국인은 한국인의 통역에 의해서 알아들을 수 있는 것입니다.

마찬가지로 인간의 의식을 가지고 인간의 언어를 사용하는 사람과 인간의 의식이나 인간의 언어를 사용하지 않는 사람이 있을 경우, 인간의 말을 쓰는 사람만 목숨으로서 가치가 있고 인간의 말을 쓰지는 않지만 뜻으로 이해할 수 있는 사람은 목숨으로서 가치가 없는 것이 아니다. 인간의 사고와 언어를 쓰지 않는 사람은 인간이 통역해 주는 말을 듣기만 해도 되거니와 인간의 통역이 없이도 그대로 존재의 가치가 있습니다.

우리가 죽음을 극복하는 길은 제한된 인간의 사고와 언어를 초월하는 것입니다. 인간의 사고는 있음과 없음, 죽음과 죽지 않음 같은 식으로 양자택일을 강요합니다. 그러나 부처님의 사고는 죽음과 죽지 않음, 있음과 없음의 제한된 사고를 벗어나는 것입니다.

죽음과 삶, 있음과 없음이 전혀 걸림이 없이 동시에 존재할 수 있는 경지가 바로 열반이고 해탈이며, 깨달음입니다.

그 경지가 인간의 입장에서 보면 외국인 또는 산하대지일 수도 있습니다. 그러나 외국인이나 산하대지라고 해서 존재가치가 줄어드는 것은 아닙니다. 인간이 사용하는 가치 기준을 벗어나는 것이기 때문에 인간의 사고로 측정할 수가 없습니다. 단지 죽음과 삶을 통합함으로써 죽음을 벗어나는 사람을 말이 다른 외국인이나 사고방식이 다른 외계에서 온 외지인으로 비유해서 각기 나름대로 존재의 의미를 갖는다고 말할 뿐입니다.

100년이나 500년으로 목숨을 연장하는 사고방식이 아니라 생각을 크게 바꾸어서 내가 산이나 들이나 바람이나 바위 등으로 되고, 다른 이가 인간의 목숨과 의식을 가지고 그것을 감상한다고 하더라도 주관과 객관이 완전히 바뀌어진 그 상황을 나의 목숨으로 받아들일 수도 있다는 것입니다.

부처님은 죽음을 두려워하지 않는 사람을 다음과 같이 묘사했습니다.

> 번뇌와 공포의 화살을 뽑아 버리고
> 거리낌 없이 죽음을 받아들인다면,
> 죽음에 대한 모든 두려움을 초월하여
> 근심 없는 자, 평안에 돌아간 자가 될 것이다.

우리는 가끔 수술실로 들어가는 환자나 가족들을 보게 됩니다. 그들은 모두가 하나 같이 수술이 잘되길 바라면서도 불안해하고 초조해 합니다.

나도 몇 해 전 장기기증을 하던 때가 문득 떠오릅니다. 내가 드러누운 침대를 밀고 가던 간호사가 수술실 앞까지 왔을 때 나를 보고 물었습니다.

"지금 무섭지 않으세요?"

"왜 무섭지요? 여기 집도하는 의사선생님 실력이 형편없으신가요?"

침대를 따라오던 카메라맨이나 간호사와 장기기증본부 직원들이 웃었습니다.

내가 수술실로 들어가는 것은 집도하는 의사를 믿는 것이고, 믿는다는 것은 서로의 신의(信義)입니다. 혹 내가 수술실로 들어가 깨어나지 못하고 영영 세상을 떠난다 해도 나는 분명 누군가의 삶을 살리고 내가 떠날 수 있다는 것에 더 기뻐하고 있었기 때문에 어쩌면 죽음의 두려움 앞에 더 당당했지 않나 생각이 듭니다. 그러나 내가 수술을 받으려고 마음먹은 이상 의사를 믿고 따르는 것이 최상의 방법입니다.

죽음을 두려워 한다는 것은 살려는 의지가 많으면 더욱 강하게 반응한다고 합니다. 그러면 내가 살려는 의지가 없어서 그리 태평한 것일까요? 그것은 아니라고 생각합니다. 분명 믿을 수 있다는 신의가 있었기 때문입니다.

우리는 늘 죽음을 두려워합니다. 그러나 죽음은 누구

도 피할 수 없는 길입니다. 억지로 더 살려고 발버둥쳐보았자 오히려 당사자만 더 고생할 뿐입니다. 병실에서 산소호흡기를 꽂고 숨만 쉬며 몇 달을 더 살아본들 무슨 의미가 있겠습니까. 어쩌면 오히려 그 사람이 더 추해 보일 수도 있습니다.

내가 맞이해야 할 죽음 앞에서 내가 미리 준비하는 습관을 들이는 것도 어찌 보면 고생을 그만큼 덜 하는 일이겠지요. 죽음을 두려워하기보다 죽음을 아름답게 맞이할 수 있는 정신과 의지가 도리어 더 사람다운 사람으로 만드는 것이 아닌가 생각됩니다.

죽음을 두려워하는 사람이 사람답지 못하다는 얘기가 아니라 다만 죽어가는 목숨이 기적적으로 원기왕성하게 되돌아오는 것이 아니므로 억지로 살려고 발버둥칠 일만은 아니라는 말입니다. 그러기 위해서는 지금 이 순간을 잘 다스려야 하고, 공덕을 더 베풀고, 자비를 더 펼치며, 인욕하고 정진하며, 지혜롭고 보살된 도리를 다하며, 순간순간 최선을 다하는 것이 필요합니다.

무주상보시의 기쁨

 수닷타 장자는 그 유명한 기원정사를 부처님께 보시한 분입니다. 그는 본래 코사라 국 사왓띠 성에 사는 사람이었는데 옆의 마가다 국에 사는 친척집에 왔다가 부처님에 대한 명성을 듣고 귀의했습니다.
 또 그는 '아나타 핀디카' 라고도 불렸는데 이는 수닷타 장자가 큰 재산가이면서도 어려운 사람들을 위해서 좋은 일을 많이 하였기 때문에 붙여진 이름이기도 합니다.
 부처님의 법이 이렇게 널리 세계적으로 퍼질 수 있었고 수많은 사람들이 귀의하게 된 것도 어떻게 보면 수닷타 장자와 같은 신심이 뛰어난 사람들에 의해서 가능했을 것입니다.

수닷타 장자가 부처님의 법문을 듣자 마음에 형용할 수 없는 큰 환희심을 느끼고 황금 오천오백 냥을 들여서 장대하기 이를 데 없는 기원정사를 지어서 부처님께 보시했던 것입니다. 수닷타 장자는 단 한 번도 빈손으로 수도원에 가본 적이 없습니다.

그런데 이와같이 오랜 세월을 보시했기 때문에 마침내 수랏타 장자는 가난해졌습니다. 그렇지만 그는 수행의 경지가 수다원에 이른 사람이었으므로 부처님과 담마에 대한 신심이 흔들리지 않았습니다.

수다원의 경지란 불교에서 수행을 깊이 하다 보면 깨달아 얻어지는 네 가지 단계 가운데 첫번째 경지로 예류과(豫流果)라고 합니다.

예류과는 깨달음의 방향으로 향하는 흐름에 오른 경지를 말합니다.

이 예류과를 《금강경》에서는 "불입색성향미촉법(不入

色聲香味觸法)"이라고 해서 마음이 보고 듣는 어떠한 경우라도 움직이고 빼앗기지 않는다고 설하고 있습니다.

수닷타 장자와 관련된 부처님의 게송을 하나 적어 보겠습니다.

"설사 악한 자라 하더라도 아직 악행의 과보가 나타나지 않아 행복을 누리고 있을 수 있다. 그러나 악업의 결과가 나타날 때 그는 엄청난 고통을 당하리라.
비록 비천한 사람이라 하더라도 아직 선행의 과보가 나타나지 않아 고통을 당하고 있을 수도 있다. 그러나 선업의 결과가 나타날 때 그는 크나 큰 이익을 즐기리라."

물질이 없는 사람들은 물질의 풍요를, 몸이 아픈 이는 몸의 건강을, 자녀를 가진 사람은 자녀의 성공을, 사업을 하는 사람들은 사업의 번창을, 죽은 조상들을 위해서는 극락왕생을 목적으로 모두들 부처님 전에 예배하고 공양을 올리고 있습니다.

그러나 수닷타 장자는 부처님 전에 예배하고 공양을 올릴 때 어떠한 요구도 하지 않았습니다.

대부분의 사람들은 "부처님께 이렇게 공양을 올렸으니 이 공덕으로 나에게 기쁨과 행복이 가득한 소원을 들어주실 거다."라고들 하지만 수닷타 장자의 공양법은 그와 다릅니다.

부처님께 바칠 수 있었다는 그 자체가 이미 마음의 행복이었다는 것입니다. 그런 마음 때문에 따로 부처님께 받을 무엇인가가 필요 없다는 것입니다. 즉 공양을 올릴 때 기분이 좋았던 그 자체가 바로 부처님으로부터 받은 은혜라는 것입니다.

절에 다니면서 스님의 목탁 소리에 맞춰 독경이나 같이 독송하고 절집 공양 한 그릇 얻어먹고 법회를 다녀왔다고 해서 불법에 대한 믿음을 다 했다고 생각하는 불자들, 집 안에 들어오는 액운이나 걱정하고 세상살이 좀 더 편하게 살아 보겠다고 절집 법회에 참석해 보려는 불자들, 크게 얻으려면 먼저 크게 보시를 해야지 보시는 손톱의 때만큼도 하지 않으면서 무작정 크게 혹은 잘되게 해 달라고 하는 그 자체가 이미 탐욕에 가득 찬 것입니다.

 큰 믿음, 큰 마음은 다른 게 아닙니다. 바로 부처님께서 가르쳐 주신 최상의 깨달음을 얻고자 하는 마음, 세속의 굴레로부터 벗어나 상·락·아·정의 열반의 공덕을 얻고자 발원하는 마음, 그것이 바로 큰 믿음, 큰 마음인 것입니다.

마음에 틈이 생기면 마가 침노한다

  동짓날은 일 년 중에서 낮이 가장 짧고 밤이 가장 길며, 이 날을 기점으로 토끼꼬리만큼 하루해도 조금씩 길어집니다.
  〈농가월령가〉에 다음과 같은 노래가 있습니다.

동지는 명일이라 일양이 생하도다.
시식으로 팥죽 쑤어 인리와 즐기리라.
새 책력 반포하니 내년 절후 어떠한고,
해 짧아 덧이 없고 밤 길기 지리하다.

이 〈농가월령가〉는 지은이나 지은 연대가 정확하지는 않지만 조선시대 우리 선조들의 풍속을 알 수 있는 데 큰 도움이 되는 가사입니다.

　〈농가월령가〉는 우리 농촌 가정에 관계되는 노래로 다달이 해야 할 일, 철따라 알아야 할 풍속과 지켜야 할 예의범절 따위를 정월부터 섣달까지 월별로 갈라 월령체로 지은 노래입니다.

　이 가사에서 보듯이 우리네 선조들은 동짓날을 명일로 여겼고 우리들처럼 팥죽을 쑤어 이웃들과 나누어 먹는 풍속이 있었다는 것을 알 수 있습니다.

정월입춘우수절(正月立春雨水節)이요

이월경칩급춘분(二月驚蟄及春分)에

삼월청명병곡우(三月淸明竝穀雨)요

사월입하소만방(四月立夏小滿方)이라.

오월망종병하지(五月芒種倂夏至)에

유월소서대서당(六月小暑大暑當)이요

칠월입추환처서(七月入秋還處暑)하고
팔월백로추분망(八月白露秋分忙)이로다.
구월한로우상강(九月寒露又霜降)에
시월입동소설장(十月入冬小雪臟)하니
자월대설동지절(子月大雪冬至節)이요
축월소한우대한(丑月小寒又大寒)이로다.

동지는 다음해가 되는 날이라는 뜻입니다. 즉 설날이라고 해서 '아세(亞歲)'라고도 합니다. 연말이나 정초가 되면 스님에게 법문을 들으러 오는 신도들도 있지만 거의 대부분은 일년 신수나 토정비결 등을 봐 달라고 찾아옵니다. 혹은 부적을 구하려고 찾아오는 신도들도 있습니다. 물론 스님들께 그런 청을 한다는 것 자체가 그리 좋은 모양새는 아닙니다. 또한 스님들도 그것을 빌미로 신도수를 늘리려고 해서도 안 되며 그러한 일을 토대로 절집을 운영해서도 안 됩니다.

이렇게 24절기로 나누어 생활하는 동양의 문화는 바로

역학사상과 관계가 깊습니다. 역학에서 붉은색은 남방화에 속합니다. 방위는 남쪽이고, 오행상으로 불(火)에 해당합니다. 또한 붉은색은 태양, 즉 어둠을 물리치고 광명을 선사하는 주술로서의 의미를 갖게 된 것입니다. 뿐만 아니라 붉은색은 양(陽)의 대표적인 색깔로 희망·활동적인 것·남자를 의미합니다. 이와 반대로 흑색은 방위는 북쪽이며 물(水)에 해당됩니다. 이 검은색은 음(陰)을 대표하는데, 여자·소극적·죽음, 귀신을 상징합니다. 아들을 낳으면 빨간 고추를 내 걸고, 딸을 낳으면 검정 숯을 새끼줄에 끼워 메달아 놓던 불과 몇 년 전의 풍습을 보아도 알 수 있을 것입니다. 특히 옛 사람들은 귀신이 어두운 밤에만 활동하고, 밝은 곳에서는 꼼짝하지 못한다고 믿었기 때문입니다. 또한 귀신이란 존재는 떳떳하지 못하기 때문에 빛이나 붉은색을 보면 달아난다고 믿었습니다. 그래서 부적도 빨간색으로 쓰는 것입니다. 그래서 밤이 가장 긴 날인 동짓날이 귀신들이 가장 많이 활동할 수 있는 날이라 믿었고, 그 귀신들을 억제하기 위하여 좋은 방법을 찾던 중에 귀신이 싫어하는 빨간색을 이용하여 이를 물리치겠다는 풍습이 생겨서 그런 이유로 팥죽을 쑤어 집안 구석구석 돌아다니며 뿌려왔던 것입니다. 그러면 왜 팥죽을 뿌리기만 하는 것이 아니라 서로 나누어 먹었느냐는 의문이 남는데, 그것도 귀신과 관련해서 생각해 볼 수 있는 풍습입니다.

옛날에는 사람들이 병드는 것도 모두가 귀신의 소행이라고 믿었습니다. 온갖 일들을 귀신과 결부시켜서 생각했으므로 우리 생명을 좌우하는 질병도 귀신의 조화라고 여겼던 것은 자연스러운 조상들의 발상이었을 것입니다.

귀신이 우리 몸에 침입하여 병이 든다고 생각했기 때문에 귀신이 사람 몸 가운데 들어와 있다고 믿었고, 따라서 그런 귀신을 물리치기 위해서 붉은색의 팥죽을 먹음으로써 몸속의 귀신, 사실은 병을 물리치자는 것이었습니다.

귀신이란 불교 용어에서는 마(魔)에 해당됩니다. 부처님께서 보리수 아래에서 정각을 이루려고 할 때 이를 방해했던 마왕 파순을 비롯해서 좋은 일을 방해하고 사람의 생명을 빼앗아가는 악한 귀신을 마라고 합니다. '도고마성(道高魔盛)'이라는 말이 있습니다. 공부가 익어 가면 마의 방해가 심해진다는 말입니다. 마장이 끼었다는 말도 마가 방해하고 있다는 말입니다. 모처럼 신심을 내어서 절집에 가려는데 뜻하지 않게 무슨 일이 생기거나, 열심히 기도했는데 오히려 결과가 나쁘게 나타나는 일도 있습니다. 이런 것도 마가 방해를 놓았기 때문입니다. 그러나 여러분은 그런 마로 인하여 좌절을 해서는 안 됩니다. 이런 마는 대부분 자기 자신의 내부에서 일어나는 것입니다.

이를 두고 옛 사람들은 "벽격풍동(壁隔風動), 심격마침(心隔摩侵)"이라고 했습니다. "벽에 틈이 생기면 바람이 들어오고, 마음에 틈이 생기면 마가 쳐들어온다."는 말입니다.

그러므로 마음에 틈이 없으면 마가 붙지 못합니다. 이것은 마치 휘황찬란한 네온사인을 켜 놓고 짧은 미니스

커트를 입은 아가씨들이 유혹하는 유흥업소가 밤거리에 즐비하여도 그런 유혹들을 뿌리치고 사랑하는 가족들이 있는 가정으로 유유히 가는 것과 같은 이치입니다.

'마'란 우리에게 허점이 생길 때 언제나 쳐들어옵니다. 기도하는 사람이 너무 성급하게 기도 성취를 바란다거나, 엉뚱한 소원을 가지고 기도를 한다거나 하면 마가 우리 마음속의 틈을 간파하고 '바로 이 때다' 하고 쳐들어오는 것입니다.

그러니 새해를 맞는 기도법회에서는 마음가짐을 잘 단속했으면 합니다. 사업을 하건, 공부를 하건, 사랑을 하건, 지나친 욕심을 부리면 다 채우지 못한 욕망의 틈 사이로 마가 고개를 쑥 내밀고 들어와 '내가 그 욕망을 가득 채워 주겠노라' 하고 유혹을 합니다. 그런 유혹으로부터 내 가정과 우리의 행복을 잘 지키려면 지나친 욕심을 버리고 마에게 빈틈을 주지 않아야 하겠습니다.

제 **2** 장

진 분노를 견디어라

생각을 잃어가고 있는 우리

   산업사회가 가져다 준 물질의 풍요로움은 누구도 예측할 수 없을 정도로 우리 생활을 편리하게 해주었습니다. 그러나 배고프고 굶주리면서 산업사회를 일구어 온 1세대와는 달리 그 풍요로움을 누리고 있는 후손들은 그 편리함을 맛볼 뿐 그것을 이루기 위한 땀의 노고를 알지 못하고 있습니다. 진정한 노동의 가치를 모르는 삶은 그 대가의 부족함만을 탓할 뿐이지 자신이 직접 땀으로 일구고자 하는 의지가 결핍하게 됩니다.

   이것은 산업분야에서만이 아닐 것입니다. 과학의 발전

도 우리 삶의 질적인 변화를 가져 왔습니다. 번개탄이 없었던 어린 시절 연탄불이 꺼져 작은 나무토막으로 불을 붙이던 기억이 떠오릅니다. 그러던 것이 번개탄이 나오면서 그 같은 일이 수월해졌고 그 후 끊임없이 발명되는 생활용품들은 인간이 과연 앞으로 어떠한 삶을 살아갈 것인가를 예측할 수 없게 만들고 있습니다.

질병도 마찬가지입니다. 의학의 발달로 인간이 정복한 질병도 지금은 상당수에 이를 정도입니다. 어린 시절 고향에서 이름 모를 병으로 죽은 갓난아이를 아무도 모르게 묻고 오는 슬픈 사연을 가슴에 지니고 살아온 세대에게 지금의 의학은 눈부시게 발전해 가고 있습니다.

이외에도 우리 인간의 삶은 누구도 부정할 수 없을 정도로 편리함을 향해 달리고 있습니다. 주부는 그 편리함 때문에 가사노동에서 벗어나 상당히 많은 시간을 가지게 되었습니다.

아이들은 주위에서 구할 수 있는 많은 장난감 덕분에 친구들과 노는 것보다 자신의 방에서 혼자 보내는 시간이 더 많아졌습니다. 이웃이 누구인지는 몰라도 생활하는 데는 아무런 지장이 없습니다. 심지어는 부모를 보살피기보다는 자신에게 주어진 풍요로움을 즐기는 것에 더 치중하게 되었습니다. 그러다 보니 그들은 점점 대화가 줄어들게 되었습니다. 아니 대화가 그리 필요한지를 모르고 삽니다.

골치 아픈 일은 정말 싫어하고 단순한 인간으로 살려고 합니다. 어떻게 살 것인가를 고민하기 보다는 미래를 생각하지 않는 인간으로 변해 가고 있습니다. 현재의 즐거움만 필요할 뿐 미래를 위한 인내 같은 데는 필요를 못 느낍니다. 만일 그와 같은 것이 필요하다면 아마 부모의 돈으로 살 수 있다고 생각할지도 모릅니다. 땀의 소중함을 잃어버린 사람들에게 어쩌면 노동은 괜한 시간 낭비로 보일 것입니다. 그리고 현실의 쾌락을 방해하는 모든 요소들을 그들은 자신들의 장애물이라는 극단적인 사고방식을 가지게 됩니다.

이러한 이들에게 능력 없는 부모는 더 이상 그 대접을

못 받게 됩니다. 언제부터인가 부모를 모시고 사는 일이 과거의 낡은 관습처럼 여기는 잘못된 생각들을 갖고 있습니다. 자식에게 짐이 되는 것을 미안해하며 부모가 자신의 곁을 떠나가도 그것을 방관하는 자식이 존재하는 것이 바로 오늘날 가장 심각한 문제이기도 합니다.

우리는 살아가면서 해서는 안 되는 일들이 많습니다. 그 중에서도 부모를 모시지 않고 서로 다른 형제에게 떠맡기는 것은 자식으로서는 도저히 해서는 안 될 일 중에 하나입니다.

그리고 부모와의 관계에 있어서 가장 빈번하게 일어나는 일들이 바로 재산 문제와 관련된 것입니다. 부모가 돈이 좀 있으면 매일 안부 전화도 하고 휴일마다 들락날락 찾아다니다가도 부모의 재산을 물려받고 나면 '언제 내 부모였느냐' 하는 식으로 잊어버리는 자식들이 자꾸만 늘어나고 있다고 합니다.

납승도 양로원을 몇 번 방문하다 보니까 그런 분들을 많이 보았습니다.

자식에게 미리 유산을 물려주고 양로원으로 쫓겨 와 눈물로 살고 있는 그런 부모와, 자식은 그런 부모를 까맣게 잊고 부모가 물려준 돈으로 내일을 잊고 오늘만 즐기는 쾌락으로 빠져드는 가정이 많아졌습니다. 뜬소문인지 사실인지는 몰라도 집 안에서는 여보 당신이고 집 밖을 나오면 남이라는 얘기는 이 사회가 문란해졌다는 것을 단적으로 말해주는 현실일 것입니다.

결코 돈이 많다고 부모를 모시고 돈이 없다고 부모를 버려서는 안 됩니다. 부모는 우리가 지극히 봉양해야 할 대상입니다. 부모를 등에 업고 수미산을 수만 번 오르고 내릴지라도 그것만으로 부모의 은공을 다 갚지 못한다는 부처님의 가르침을 잊어서는 안 될 것입니다.

복 밭에 뿌린 씨앗

 몸이 아프던 사람도, 너무 아파 고통 받던 사람도 잠이 들었을 때의 그 표정은 참 평화롭습니다. 마치 아파하던 사람은 어디론가 떠나고 모든 병치레를 극복한 사람처럼 평화롭게 잠이 듭니다. 그러다가 잠에서 깨어나면 다시 고통의 신음소리를 내뱉습니다.
 "머리 아프다. 온 몸이 쑤신다."
 분명 조금 전까지는 평화롭게 잠이 들었던 사람이 잠에서 깨어나면서부터 다시 고통의 얼굴을 합니다.
 깨어있는 지금의 내가 진짜 '나'의 모습일까요?

꿈을 꾸며 자고 있는 모습이 진짜 '나'일까요?

우리는 흔히 지나간 세월을 떠올리면서 땅이 꺼질듯이 한숨을 지으며 아래와 같은 꼬리말을 다는 경우가 있습니다.

"그때 그런 말은 내가 하지 않았어야 하는데……."

"내가 10년만 더 젊었더라면……."

그리고 또 다가오지도 않은 세월을 미리 장담하는 사람들도 있습니다.

"내년에는 틀림없이 될 거다."

"다음에 보자."

우리는 흔히 "다음에 보자." "틀림없이 될 거다."라고 하는 사람을 봐 왔습니다. 그러나 인생에는 다음이란 없습니다. 우리는 보다 더 자신에게 솔직해야 합니다. 지금껏 살아오면서 언제 예상한 대로 뜻한 대로 살아 온 적이 있는지 돌아보시기 바랍니다.

나이가 서른이었든 마흔이었든 관계없이 지나온 나의 시절이 순탄하였던가를 돌이켜 보면 자신이 설계했던 삶과는 전혀 다른 방향으로 가고 있을지도 모릅니다. 아마 대부분의 사람들이 거의 비슷한 경우일 것입니다.

하다못해 우리는 마트에 처음 갈 때에는 '이것을 사야지' 했다가 막상 가서는 이것저것 처음과는 다른 물건들을 사 오기 일쑤입니다. 그야말로 엉뚱한 물건을 사 가지고 들어온 경험이 있습니다.

결국 우리가 더 이상 미룰 수 없는 가장 절박한 문제는 나로부터 시작하고 있는 삶의 방식을 점검하는 것입니다.

오늘 날이 밝았구나 하고 바쁘게 살다보면 어느새 해는 서산 너머로 넘어가고 있는 게 지금의 현실입니다. 오늘은 어제로 밀려나고 또 내일이 성큼성큼 다가옵니다.

바쁘게 사는 것만이 능사가 아닙니다. 자신이 선택한 삶의 현실을 느끼며 궁극적인 의미를 음미하는 그런 여유를 가지면서 자주 자신을 되돌아보며 살아야 합니다.

한 농부가 고속철도의 요금을 싸게 받고 느려터진 완행열차의 요금을 비싸게 받자고 제의한 적이 있습니다.

그 이유는 간단합니다. 고속철도를 타고 가면서 바깥

풍경을 감상한다는 것은 불가능에 가깝습니다. 풍경에 초점을 맞출라치면 눈 깜짝할 새 지나가 버려 볼 수가 없습니다.

몇 번씩 시도를 해 보아도 "저것 봐" 하는 순간 이미 창밖에는 다른 풍경이 스쳐 지나갑니다. 그래서 승객들이 얼마나 구경했느냐에 따라서 요금을 차별하여 받자는 것입니다.

《느림의 미학》이라는 제목의 책도 있는데, 빨리 달리는 고속철도는 싸게 받고 느리게 달리면서 모든 풍경을 구경할 수 있는 느림보 열차는 세상 구경을 시켜 주는 관광 열차이니 더 받자는 제의인 것입니다. 이렇게 느린 삶, 아니 빠르게 움직여야 한다는 관점에서 본다면 게으름이라고 해도 좋습니다만, 그 속에서 나를 돌아볼 줄 아는 것이 쫓기며 살아온 자신에 대한 봉사입니다.

너도 나도 행복하게 사는 것이 내 몸 편하고 남에게 대접받는 데서 찾으려는 것으로 알고 있습니다. 그야말로 손 하나 까딱하지 않고 있어도 누가 입혀 주고 먹여 주면 좋은 삶이라고 생각하는 분은 지금 빨리 착각에서 벗어나시기 바랍니다.

우리는 간혹 영안실에서 염하는 모습을 볼 때가 있습니다. 그때 염하는 모습을 가만히 보십시오. 시신은 가만히 누워있는데 염하는 사람은 닦아 주고 입혀 주고 씻어 주고 합니다. 사실 우리 육신이 이런 대접을 받을 때는 죽음이라는 현상이 다가 왔을 때입니다. 따라서 그것은 행복한 삶이 아니라는 얘기입니다.

우리는 살아있는 생명입니다. 살아있음으로 우리는 가만히 있어도 입혀 주고 닦아 주는 대접을 받으려 하면 안 됩니다. 행여 나름대로는 한다고 했는데도 생각했던 만큼 성과를 얻지 못했다고 하더라도 그것은 후회와 원망 할 일이 아닙니다.

물론 아쉬움이 남겠지만 아직은 나와 인연이 닿지 않아서 그런가보다고 생각하고, 얼른 그 일을 잊고 잘못된 원인을 찾은 뒤 훗날 다시 재도전 할 때는 다시 반복되는 일이 없도록 하면 됩니다.

여름은 더워서 싫고 겨울은 추워서 싫다고 계절을 피해 다니며 살 수 없듯이 더울 때는 옷을 조금 더 벗어 버리고 추울 때는 옷을 조금 더 껴입을 줄 아는 지혜를 우리가 살아가는 삶 속에서 응용을 하며 살아야 합니다.

상대방이 악역을 하든 선역을 하든 나의 생명이 선택한 것은 현실뿐입니다. 나를 구제하여 주시고 살려 주실 분은 오로지 부처님뿐이십니다.

복 받자고 살지 말고, 복 짓자고 살았으면 합니다. 복 받자고 사는 삶은 거짓된 삶이 됩니다. 복을 누릴 만한 자격이 있는 사람은 당연히 복을 받을 만한 일을 한 사람입니다. 그런 사람을 부러워할 게 아니라 복을 짓다 보면 언젠가는 나도 복을 누릴 날이 올 것이라는 생각이 괜찮을 것입니다.

지금 삶이 조금은 어렵고 힘들더라도 '내가 복이 없구나', '내가 복을 받고 태어나지 않았구나' 하고 생각할 것이 아니라 숨 쉬고 있는 것만으로도, 내가 걸어 다니고 움직일 줄 아는 것만으로도, 내가 말하고 들을 줄 아는 것만으로도 늘 감사한 마음을 갖고 살면서 내가 지금 복밭에 뿌릴 씨앗이 어떤 것인지를 찾아서 그 씨앗을 뿌리려는 마음을 내어야 합니다.

화두 찾기

지금 여러분은 어디에 있습니까?

컴퓨터 앞에서 이 글을 읽고 있습니다.

그러면 이 자리에 오기 전에는 어디에 있었습니까?

집 안이나 회사에서 일하다가 왔습니다.

그러면 그 이전에는 어디에 있었습니까?

이렇게 하나하나 더듬어가면서 어디에서부터 왔는가라는 질문을 따라가다 보면 어머니 뱃속에서부터 왔다는 대답에 이를 것입니다.

그러면 어머니 뱃속에서 나오기 전에는 어디에 있었습

니까?

아버님 몸속입니다.

아버님 몸속에 있을 때는 온전한 내 모습이 아니었지요?

예 그렇습니다.

왜냐하면 정자와 난자가 합쳐져야만 한 생명이 생긴다는 것을 잘 알고 있습니다. 그러면 정자와 난자가 만나야지만 어머니의 태에 들게 되는데 그 전에는 어디에 있었을까요? 이렇게 하나하나 자문자답을 해 봅니다.

다시 또 다른 질문으로 자문자답을 해 봅시다.

이 자리에서 일어서게 되면 어디로 가실 건가요?

친구를 만나러 갈 사람도 있을 것이고 회사 업무 차 다른 곳으로 가는 사람도 있을 것입니다. 놀러 가는 사람도 있을지 모릅니다. 마트에 물건을 사러 간다거나, 은행에 가는 사람도 있을 것입니다.

또 그 다음의 목적지는 어디일까요?

이렇게 가는 곳을 자꾸만 생각해서 가다가 보면 마침내

는 죽음에까지 이르는 답을 얻게 될 것입니다. 사람은 모두가 죽게 되어 있을 테니 말입니다. 그럼 죽은 다음에는 또 어디로 갈까요? 극락이나 지옥을 갈까요? 아니면 그런 곳이 있는지 없는지 모르기 때문에 어디로 갈지 모를까요?

어떤 책에 쓰여 있다거나 어떤 사람이 죽었다 살아나면서 가 봤다는 이야기 말고 정말 죽은 다음에 어디로 갈지 자신 있게 얘기할 수 있을까요?

우리는 모두가 어디에서 왔으며 어디로 갈 것인지를 모르고 지금 이 순간에도 살아가고 있습니다. 내가 어디에서 왔는지 내가 또 어디로 가고 있는지도 모르면서 무엇이 그리도 할 일이 많다고 지금 정신없을 정도로 바쁘다고 합니다. 바쁘지 않은 사람이 몇이나 되겠습니까?

무엇을 해야 한다거나 하지 말아야 한다거나 하면서 우리의 생각마저도 늘 바쁘게 돌아가고 있습니다. 골치 아픈 일이 생기면 그 생각조차 싫어하면서도 우리는 그런 생각까지 끌어안고 살아갑니다.

뚜렷한 목표를 가지고 열심히 노력하고 있다면 '아, 그렇구나, 그럴만하겠다.'하고 이해할 수도 있을 것입니다. 그렇지만 지금 어디로 가고 있는지도 모르면서 여유조차 없이 바쁘기만 하다면 좀 이상하지 않겠습니까?

정신없이 바쁜 것들을 일단 잠시 내려놓고 먼저 '나'는 누구인가를 생각해 봅시다.

자신이 누구인지 정도는 알아야 무엇을 어떻게 하며, 어떻게 살아가야 할지 알 수 있지 않겠습니까?

도대체 진정한 나는 누구인가? 육신이 나일까? 마음이 나일까?

그렇지만 육신은 마음이 부리는 것이지요? 그 마음이 시시때때로 변하기 때문에 그에 따라 이 육신도 행동하니 그 역시 진정 '나'라고 하기는 어려울 것입니다.

자세히 돌이켜 보면 이런 조건들이 잠시의 모습일 뿐인데도 지금의 내 모습이 진짜라고 할 수 있겠습니까?

오늘은 가만히 창가에 앉아서 먼 곳을 바라보면서 혹은 거실 소파에 앉아서 진정한 '나'는 누구인가를 한번쯤 생각해 보는 하루가 되었으면 합니다.

보살의 네 가지 미묘한 성행(性行)

 오늘 날 우리 사회는 아비규환의 소용돌이 속에서 살아간다고 할 수 있습니다. 빚 때문에 가족들이 동반 자살을 하거나, 사채업자들이 폭력을 사용하고, 말없이 나간 남편과 아버지는 부랑자가 되어 돌아다니며, 아이들을 거리낌 없이 내다버리는 일들이 지금 우리가 살고 있는 이 세상에서 일어나고 있다니 그야말로 아비규환이 아닐 수 없습니다.
 요즘은 사업하는 사람이나 회사를 다니는 사람들에게 서로 근황을 묻기가 미안할 정도로 모두가 하나 같이 힘

든 생활들이라고 합니다.

어떠한 고통이 눈앞에 닥치더라도 실망하지 마십시오. 부처님의 진리를 믿고 의지하는 마음이 굳으면 언젠가는 반드시 좋은 일이 일어날 것입니다.

부처님께서는, "아직 악이 생기지 않았을 때 악이 생겨나지 않도록 단속을 하고, 이미 악이 생겼거든 그 악을 하루라도 빨리 소멸시키도록 최선을 다하며, 아직 선이 생기지 않았을 때는 하루 속히 선이 생겨나도록 하고, 이미 선이 생겨났을 때에는 이를 증강시키는데 최선을 다하라."고 말씀하셨습니다.

그러면 어떤 것이 악일까요?

《무량청정평등각경》에 보면 부처님께서는 세속에서 일어나고 있는 악업에 대하여 설명한 것이 있는데, 그 내용을 간략히 정리해보면 다음과 같습니다.

첫째, 천신과 사람과 짐승과 벌레 따위들이 서로 살상하고 강자가 약자를 짓밟아 해치고 잡아먹어서 선을 닦을 줄 모른다.

둘째, 세상의 제왕이나 장관, 백성 부자, 형제, 가족, 부부들이 도리를 몰라 정령을 따르지 않고 사치와 교만에 흐르며, 각기 즐기고자 하여 제멋대로 굴며, 서로 속여 죽음을 두려워하지 않으며, 마음과 지껄이는 소리가 각기 다르고 말과 생각이 허망하여 마음이 삐뚤어져 충실치 못하고, 비위를 맞추고자 달콤한 말을 일삼아 행실이 단정하지 못하다. 또 서로 시샘하고 중상모략해서 사악에 빠져 들며, 신하는 임금을 속이고 아들은 아비를 속이고 아우는 형을 속이고 지어미는 남편을 속이고 가정의 안팎에서 아는 사람들끼리 서로가 악을 도와 탐심을 각기 품어 남녀노소 할 것 없이 자기의 향락만을 추구하다가 패가망신하며, 앞뒤를 돌보지 않고 재물을 놓고 다투다가 원수가 되어 싸우고 재물을 모으는 데만 노심초사하여 남에게 베풀 줄은 모르며, 악만 지키고 탐심만 불태워 마음과 몸을 애태우다가 재앙과 형벌에 목숨을 재촉하는 일이 벌어지고 있다.

셋째, 세상 사람들이 기탁해 살기가 끊임없고, 함께 천지 사이에 의지해 있는 바 그 수명은 얼마 되지도 않거니와 사람 중에는 고귀한 이도 있고 현명한 이도 있고 빈천하고 어리석은 자도 있게 마련이다. 그 중에 좋지 않은 사람이 있어서 오직 악만을 생각하여 몸과 마음이 바르지 않으며, 음탕한 일만 생각해 가슴속이 번거로움으로 가득하고 애욕이 뒤엉켜서 앉고 일어남이 불안하며, 탐심이 강하고 인색하여 나쁜 짓을 하며, 군사를 일으켜 침략자가 되어 남의 성을 공격하며, 남을 죽여 몸을 동강내고, 사리에 안 맞게 남의 재물을 강탈하며, 제멋대로 행동해 남의 부인과 간통하며, 지방관의 법령을 두려워하지 않고 꺼리는 바도 없는 일들이 일어나고 있다.

넷째, 선인들이 선을 행하지 않고 스스로를 망치며, 서로 가르쳐서 갖가지 악을 함께 지으면서 주로 쓸데없는 말과 중상모략하는 말·거친 말·욕하는 말·거짓말로 시샘하고, 서로 다투어 착한 이를 미워하고 성자를 미워한다. 또 부모를 효도로 봉양하지 않고, 스승을 얕보고, 친구에게 신의가 없어서 성실하지 못하며, 스스로를 말하길 자기는 존귀하고 도가 있다 하여 위엄을 부리며 횡행하고, 세력을 휘둘러 선인을 꺾으면서도 자기가 악한 짓을 하는 줄 알지 못하며, 부끄러움이 없으며, 스스로 권세를 누림이 자못 강성해서 사람들로 하여금 두려움을 갖게 하는 일이 일어난다.

다섯째, 세상 사람들이 공연히 수행에 게을러서 선근을 쌓으려 하지 않고, 살림도 생각하지 않아서 처자가 춥고 배고픔에 떨고, 부모도 그렇게 만들며, 자식은 반항하여 원수같이 되며, 멋대로 놀아나 법을 두려워하지 않으며, 음식에 절제가 없어서 술을 마시고 아름답고 맛있는 음식을 즐기며, 출입에 절도가 없고, 당돌하여 의도 예도 없어서 갖가지 악을 짓는 일이 일어난다.

이러한 다섯 가지를 대악(大惡)이라고 하셨습니다. 이를 천천히 음미해 보면 그 옛날에 하신 말씀이라고는 믿어지지가 않을 정도로 지금의 이 시대를 당시에 꿰뚫어 보셨다는 것이 새삼 감탄이 절로 나옵니다. 이 다섯 가지는 이 시대에 살고 있는 우리의 모습을 그대로 나타내신 말씀입니다.

일체지를 갖추신 부처님께서 일찍이 인류의 미래에 대해서 "십악업을 예사로 저지르고 탐욕, 분노, 어리석음의 삼독은 배로 늘며, 중생들이 부모 대하기를 짐승 보듯이 한다. 중생들의 수명은 음욕과 유희에 결단이 나고 깨달음에의 즐거움이 멀어져 온 사방에 악도가 가득 하다. 낮에도 잠자기만은 즐겨 하고 잡된 책만 읽으며, 번뇌는 가득하고, 어리석어 싸움만하는 암흑세계가 되어 덕망 있고 공부한 스님들을 보면 미워하고 욕을 하며, 성현의 가르침을 듣지 않는다. 무엇이 사람을 보호할 것이며 어찌 중생이 편함을 얻으랴. 결국 많은 중생들이 모두 삼악도로 가리라."고 말씀하셨습니다.

다시 말하면 탁하고 모진 세상일수록 바른 가르침을 따르는 사람이 적고 탐욕에 의한 번뇌가 성하여 악이 들끓게 되어 고통에 빠진다는 것입니다.

부처님께서는 목건련에게 말씀하시길 보살들에게는 미묘한 네 가지 성향이 있다고 하셨습니다.

보살이 지니고 있는 네 가지 묘한 성질과 행위를 살펴보면 다음과 같습니다.

첫째, 보살은 자성행(自性行)을 갖고 있다고 하셨습니다. 타고난 성질이 어질고 곧으며 부모의 가르침을 잘 따르고 진리를 믿어 공경하고 집안의 높고 낮음, 친하고 성김을 알아서 섬기며, 십선이 구족하니 이를 자성행이라 한다고 하셨습니다.

둘째, 보살은 원성행(願性行)을 갖고 있다고 하셨습니다. 이는 꼭 불도를 이루어 십호를 구족하리라는 것입니다. 십호는 잘 아시다시피 부처님의 열 가지의 이름을 말합니다.

셋째, 보살은 순성행(順性行)을 갖고 있다고 하셨습니다. 순성행은 바로 육바라밀을 성취하라는 것입니다. 불자의 길을 조금 더 구체적으로 제시하고 있는 육바라밀은 대승불교의 최고 실천 덕목으로서 강조 되어 왔습니다. 육바라밀의 정신은 나와 남이 둘이 아니라는 입장에서 중생에 대한 헌신을 통해 지혜의 완성을 이루어 낼 수 있다고 믿는 것입니다. 따라서 육바라밀의 첫 번째가 '보시'인데 바로 동체대비의 정신을 강조하고자 하는 것입니다.

넷째, 보살은 전성행(轉性行)을 갖고 있다고 하셨습니다. 전성행은 불법을 배우고 아는 것을 말합니다.

다시 말하면 자성행·원성행·순성행·전성행 이 네 가지 묘한 성질과 행위를 보살이 갖춤으로써 정신적·육체적 업을 맑게 하고, 보살행으로서 불국을 이루고자 한다는 큰 뜻이 담겨 있습니다.

우리는 고통의 원인이 무엇인지 왜 번뇌가 일어나는지를 알아서 나의 고통뿐 아니라 타인의 고통도 제거해 줄 수 있는 길을 가는 것이 모두가 윤회에서 벗어나는 것입니다. 이 같은 행을 실천할 때 오늘날 우리가 사회적·국가적으로 겪고 있는 커다란 고통을 이겨 낼 수 있는 지혜가 열리게 되며, 더 나아가 좋은 세상을 만들 수 있는 것입니다.

이 세상에 영원한 것은 없다

철학적 입장에서의 고찰

인도의 정통바라문이나 서양철학에서는 본체(本體)라든가 실체(實體)라고 하여 우리의 경험적 인식의 범주를 넘어서 존재하는 것을 상정하고 있으나 불교에서는 시간과 공간 속에서 우리들의 지각을 통하여 인식할 수 있는 경험적인 현상계만을 문제의 대상으로 삼고 있습니다. 인간에게는 시간과 공간을 초월하여 생멸 변화하지 않는 것을 인식하거나, 논증할 수가 없기 때문입니다.

만약 그러한 것이 있다거나 없다고 단정하는 것은 하

나의 편견이요, 독단일 따름이라는 견해입니다. 그래서 그러한 문제를 무기(無記)라고 합니다.

여기서 말하는 행(samskara)은 바로 생멸변화하는 유위(有爲)로서 경험 가능한 범위의 현상이라고 볼 수 있습니다.

인간의 생활이란 이러한 현상계 속에서 희노애락하면서 사는 것이며, 그것이 현실적 삶의 전부이기도 합니다. 그런 현상계를 불교에서는 일체(一切) 또는 일체법(一切法)이라고 부릅니다. 이것이 제행무상의 행입니다.

즉 제행(諸行)이라고 하면 '인연 따라 생겨난 것, 시간 따라 변해가는 것'으로서 우리가 경험할 수 있는 정신적이거나 물질적인 모든 현상을 총칭하는 말입니다. 이러한 범주에 있는 것은 무엇 하나도 변하지 않는 것이 없습니다. 그것은 실질적으로 우리가 경험하고 있는 것입니다.

"인생은 나서(生) 늙다가(老) 병들어(病) 죽는다(死)." 이것을 불가에서는 생로병사라고 합니다. 의학이 발달하고 아무리 철저한 종교적 믿음을 가지고 있는 사람이라고 하더라도 자연적 현상으로서의 죽음을 넘어설 수 없는 것입니다.

"자연물도 발생하여(生) 머물다(住) 달라져서(異) 없어지고 만다(滅)." 다만 시간적으로 그 기간이 길고 짧음이 있을 뿐입니다.

이러한 변화의 요인은 외부의 작용이나 조건에 있는 것이라기보다는 그 사물의 속성(自性)이 그렇게 되어 있는 것(內在)이라고 본 것입니다.

예를 들어 유리컵을 떨어뜨려 깨졌다고 한다면 지금 당장에 깨진 것은 외부적 충격을 주었기 때문이기도 하지만 병이란 원래 깨지게 되어 있는 속성이 내재되어 있기 때문입니다. 마찬가지로 사람이 태어나서 병들어 죽는 것도 본래 그렇게 되어 있는 것입니다.

경전에 이르기를, "이 세상의 모든 태어난 것은 다 죽음으로 돌아가니 비록 목숨이 길다 하나 반드시 끝남이 있다. 젊음이 왕성하나 노쇠할 날이 있으며, 만남에는 반드시 헤어짐이 있고, 젊음은 오래 머물지 않으니 건강하나 병들면 그만 산 목숨은 모두 죽음으로 돌아가니 변치 않고 영원한 것은 있을 수 없다."고 하였습니다.

이처럼 제행무상을 감성적으로 받아들이면 고통이요 슬픔뿐이지만, 그러나 이성적으로 받아들이면 기쁨과 희망의 근원이 되기도 합니다. 변화가 있으므로 영원한 행복이나 성공도 없을 뿐 아니라 영원한 실패와 고통이라는 것도 있을 수 없는 것입니다.

무상은 바로 현실의 삶에 머무르지 않고 부단히 창조하고 개척하는 노력의 바탕이며, 죽음 앞에서 현재를 성실하게 살고, 삶의 진정한 의미를 살펴 생의 맹목적 집착에서 오는 불안으로부터 초월하게 합니다.

쉴 새 없이 변해간다는 사실은 교만심을 버리게 하고 겸허와 동정심(大慈心)을 일으키게도 합니다. 무상하기 때문에 중생의 삶을 있는 그대로 살펴야 할 이유를 자각하게 합니다.

'물질적인 것(色)이 무상하고, 수상행식(受想行識)도 무상하다'는 것은 사상적 편견이나 독단에 매달리는 맹

목적 집착에서 벗어나야 한다는 것을 의미합니다. 물질적인 것만이 무상한 것이 아니라 우리들의 인식도 오히려 육신보다도 더 많이 변하고 있는 것입니다.

자연과학적 입장에서의 고찰

무상하다는 개념은 쉴 새 없이 변화하고 있는 운동이나 활동을 의미합니다. 우주는 정지해 있는 것이 아니라 끊임없이 운동하고 있습니다. 팽창하거나 수축하거나 그것은 정지가 아니라 변하고 있음을 뜻합니다. 태양계를 보면 태양을 중심으로 많은 행성이 쉬지 않고 움직이고 있습니다. 태양을 중심으로 돌고 있다고 해서 태양의 붙박이로 있는 것이 아니라 우주라는 넓은 공간에서 움직이고 있는 것입니다. 우주라는 세계에서만이 그런 것이 아니라 우리들이 정지하여 있다고 생각하는 물체들도 그 본바탕은 계속 활동하고 있는 것입니다. 그것은 지구가 움직이고 있으나 우리들은 정지하여 있는 것으로 착각하며 살고 있는 것과 다름없습니다.

생명이 있는 것만이 움직이는 것이 아니라 생명이 없는 것들도 움직이고 있습니다. 물질은 수없이 많은 분자들의 모임이고, 그 분자들은 원자들의 결합인 것입니다. 분자는 온도에 따라서 또는 주위 환경의 열 진동에 보조를 맞추어서 진동하고 있는 것입니다.

그런데 이때 전자가 돌고 있는 궤도는 일정한 것이 아니라 그 궤도 또한 무상하다고 합니다. 더구나 핵이라는 것도 양자와 중성자가 극히 좁은 공간에서 상상할 수 없을 정도의 속도로 회전합니다. 이렇게 보면 결국 물질이란 그대로 운동 상태라고 말할 수 있습니다. 중성자와 양성자가 인연관계를 맺고 움직이고, 핵과 전자가 또한 인연관계를 맺으며 돌고 있습니다. 이렇게 볼 때 자연은 정지되어 있는 것이 아니라 동적인 균형을 이루며 정지 상태에 있는 것처럼 보인다고 할 수 있습니다. 현대 과학적 입장에서 볼 때 운동과 율동이 모든 물질의 근본적인 성질이라는 귀결을 얻게 됩니다.

그것은 바로 불교에서 말하는 '인연화합으로 이루어진

모든 사물은 무상하다'는 진리에 도달하게 되는 것입니다. 즉 모든 존재의 모습으로서 하나의 법칙은 무상하다는 것입니다.

술어의 어원적 고찰

'제행무상'이라고 할 때 '행(行)'이라는 말 자체가 '움직임'을 전제하는 말이기도 합니다. '업(業)'이라는 말은 '활동한다'는 의미이고, '윤회(輪廻)'라는 말도 '쉬지 않고 움직이는 것(Samsara)'을 뜻합니다. 즉 긴 생명의 흐름을 의미합니다.

불교에서 '붓다(Buddha)'란 일반적으로 '깨달은 사람'을 뜻하지만 '생의 흐름을 거역하지 않고 그와 함께 움직이는 사람'이라는 의미도 있습니다. '여래(tathagata)'는 '그렇게 왔다가 그렇게 가는 사람'을 뜻합니다.

불교에서 뿐만 아니라 힌두교에서도 우주의 실재를 '브라만(Brahman)'이라고 하는데 그 어원은 '브리흐(Brih)'에서 온 말입니다. '브리흐'란 동적인 의미를 가지고 있는 '성장하다' 라는 뜻입니다.

라다크리슈난은 《인도철학사》에서 '브라만' 이란 말은 '성장' 을 의미하며, '생명', '운동', '진행' 을 암시한다고 했으며, 《우파니샤드》에서는 '고정된 모양이 없고 영생하며 움직이는 것' 을 '브라만' 이라고 했습니다.

인도 최고(最古)의 종교시라고 할 수 있는 《리그베다(Rig-veda)》에서는 우주의 역동적(力動的)인 본성을 표현하기 위해서 '리타(Rita)' 라는 술어를 사용하는데 그 말은 '움직인다' 라는 뜻을 가진 '리'(ri)에서 온 것이라고 합니다.

또한 인도인들이 '자아' 라고 생각했던 '아트만(atman)' 도 원래 '숨쉬다', '움직이다' 등의 의미를 가진 말에서 유래되어 '호흡', '영혼', '자아', '본질' 등으로 쓰이고 있습니다.

중국 사람들은 우주의 바탕을 '역' (易)으로 설명합니다. 역은 '변역' (變易)을 의미하는데, 그것은 고정이나 정체를 거부하고 '모든 것은 변한다' 는 대전제를 가지고 있습니다.

흔히 도(道)라고 말하는 것도 자연을 관조하여 그 자연을 질서 있게 하는 길이란 의미가 있다고 할 수 있습니다. 그러므로 도인(道人)이란 사물의 본성에 거스르지 않고 순응하는 조화로운 사람을 뜻합니다.

이 도의 중요한 개념은 끊임없는 운동과 변화의 순환성이라고 할 수 있습니다. 그래서 노자(老子)는 "반대로 돌아가는 것이 도의 움직임이다(反者道之動)." "멀다는 것은 돌아오는 것을 뜻한다(遠日反)."고 본 것입니다.

태극도에서도 멈추어 있는 것이 아니라 끊임없이 움직인다는 것을 상징하고 있는 것입니다. 희랍의 철학자인 헤라클레이토스도 "만물은 유전(流轉)한다."고 하였습니다. 그 역시 존재의 밑바탕은 움직인다는 뜻입니다.

이렇게 보면 옛부터 모든 사물의 바탕은 변화하고 있는 운동으로 보았고, 그것은 바로 현대과학이 증명하고 있는 것이기도 합니다.

불교에서 말하는 "모든 존재는 무상하다."는 것은 종교적인 영역을 넘어서 그대로 우주의 바탕이며 과학이라는 것을 알 수 있으며, '무상(無常)'을 바르게 보는 것에서부터 불교는 출발하고 있는 것입니다.

  끊임없는 움직임, 즉 변화 속에 살고 있으면서 변화하는 그대로를 받아들이지 않고 고정된 형상, 사물, 인간, 관념에 집착하는 데서 인간의 고통은 비롯된다고 설명하는 것이 불교의 가르침입니다.

불신을 극복하는 길

거짓말을 하면 지옥이 가까워진다.
거짓말을 하고도 하지 않았다고 하면
그 뒤에 두 가지 죄를 모두 받나니
자기가 행한 대로 자기가 끌려 간다.

― 《법구경》

　요즘은 말 그대로 불신의 시대로 변해 가고 있습니다. 흔히들 아무도 믿지 못하는 세상이 되었다고들 말합니다. 믿지 않기 보다는 믿을 수 없다는 말이 더 맞는 표현일지도 모릅니다.

 정부에서 하는 말대로 순진하게 믿고 살다가 낭패를 당하는 경우도 종종 생기다 보니 민심도 흔들리고 누굴 믿어야 될지 안절부절 못할 때가 바로 선거 때이기도 합니다.

 부동산 투기를 막겠다고 공약을 했지만 부동산 시장은 그런 공약을 만든 사람들을 비웃기라도 하듯 뛰어 오릅니다. 잘사는 농촌을 만들겠다고 선거 때만 되면 공약을 내세우고 당선들이 되지만 농촌이 잘살기는 커녕 농민들은 해마다 빚더미에 올라 앉아 울고 있습니다. 그래서 정부와 국민 사이에 갈등이 생깁니다.

 부모와 자식, 선생과 제자 사이도 마찬가지입니다. 서로 갈등이 쌓이고 이런 갈등을 어떻게 풀어 나가야 하는가에 대해 고민하고 해결책을 찾는 것이 우선입니다.

 그럼 우리는 이에 대해서 어떤 방법으로 해결해야 할까요? 대화로 해결해야 할까요? 폭력으로 해결해야 할까요?

 이에 대해서는 삼척동자라도 폭력보다는 대화로 해결하라고 할 것입니다.

그런데 왜 대화와 타협이 안 되는 것일까요? 바로 상대를 믿지 못하기 때문입니다. 상대가 거짓말을 하고 있다고 믿기 때문입니다. 세상을 살다 보면 때론 거짓말을 할 때가 생기기도 합니다. 경전에서도 거짓말을 해서 죽을 목숨을 살리는 경우라면 그 거짓말이 죄가 되지 않는다고 했습니다.

《초발심자경문》에도 "수오계 십계등(受五戒 十戒等)해서 선지지범계차(善持知犯戒遮)하라."고 하였습니다. 오계나 십계를 받아 이를 잘 지키되 때로 이를 범하는 경우에는 잘 가려서 하라는 말입니다. 거짓말로 남에게 원한을 사면 반드시 그 과보를 받는다고 하였습니다.

《법구비유경》에 이런 이야기가 있습니다.

옛날 불가사라는 왕은 출가하여 라자그라하 성에 들어가 걸식을 하다가 새끼 낳은 암소에게 받혀 죽고 말았습니다. 소 주인은 잔뜩 겁을 먹고 그 소를 다른 사람에게 팔아 버렸습니다. 소를 산 주인은 그 소에게 물을 먹이려고 끌고 갔는데 이 소가 다시 새 주인을 들이 받아 역시 죽음을 당했습니다. 소 주인의 아들은 화가 나서 그 소를 죽여 장에 나가 고기로 팔았는데, 어느 시골사람이 그 소머리를 사서 집으로 돌아 가다가 나무 밑에 이르러서 소머리를 끈으로 묶어 나뭇가지에 걸어 놓고 그 아래에서 누워 쉬고 있었습니다. 그런데 갑자기 소머리를 매단 끈이 끊어져 쇠뿔이 가슴에 박히는 바람에 그 사람도 죽고 말았습니다. 소 한 마리가 하루 동안에 세 사람을 죽인 것입니다.

하도 괴이한 일이라 부처님께 이 사실을 말하여 그 연유를 물었더니 부처님께서는 이런 이야기를 들려 주셨습니다.

옛날 세 사람의 상인이 외국으로 장사를 나가 어느 홀로 사는 할머니 집에 묵게 되었습니다. 숙박비를 주기로 하고 유숙하기로 한 것입니다.

그러나 이 상인들은 노파가 혼자 사는 것을 알고는 새벽에 몰래 빠져 나와 숙박비도 안 주고 달아나 버렸습니다. 노파는 뒤늦게 이 사실을 알고 이들을 쫓아가 돈을 달라고 요구했습니다.

그러나 상인들은 "벌써 값을 치렀는데 왜 또 달라느냐?"고 오히려 윽박지르면서 돈을 주지 않았습니다. 그러자 노파는 이들을 저주하면서 말하기를 "내가 후생에 태어나 너희들을 만나면 기어코 죽이겠다. 비록 도를 얻더라도 용서하지 않고 죽이고야 말겠다."고 맹세를 했다는 것입니다.

비록 힘없는 노파지만 독한 마음을 먹고 죽어서 암소로 태어나 거짓말을 한 그 상인들에게 차례로 복수를 한 것입니다.

나의 성공과 발전을 위해서 남을 속이는 사람, 옆 가게를 비난하고 속이며 거짓말을 하는 사람, 남이 잘되는 것을 방해할 목적으로 비방하는 사람 등 우리는 지금 거침없이 거칠고 악담 섞인 말로 이웃을 어지럽히고 상대를 괴롭히는 시대에 살고 있습니다.

부처님께서는 거짓말은 지옥에 가까워지는 길이고, 사람은 태어날 때 그 입안에 도끼를 가지고 나온다고 하셨습니다. 기왕이면 극락에 가까워지는 말만 하고 입 안의 도끼로 제 몸을 상하게 하는 일이 없도록 해야겠습니다. 진실한 말, 자비스러운 말이 넘쳐 흐르는 사회가 되도록 지혜의 눈으로 보고 말해야겠습니다. 부드러운 말, 상냥한 말, 향기가 묻어 나오는 말은 세상을 밝고 행복하게 해 줍니다.

선근의 기쁨

"무엇을 웃고 무엇을 기뻐하랴. 세상은 쉼없이 타고 있는데 그대들 어둠 속에 덮여 있구나. 어찌하여 등불을 찾지 않는가?"

"목숨이 다해 정신이 떠나면 가을철에 버려진 표주박처럼 살은 썩고 백골만 뒹굴 것을 무엇을 사랑하고 즐길 것인가?"

"깨끗한 행실을 닦지 못하고 젊어서 재산도 쌓지 못하면 고기 없는 빈 못을 부질없이 지키는 늙은 따오기처럼 쓸쓸히 죽는다."

-《법구경(法句經)》〈노모품(老耄品)〉

우리들은 지금 부질없는 즐거움에 젖어 웃기도 하다가 때로는 슬픔에 젖어 울었다가 하면서 하루하루를 살아가는 참 가여운 존재임을 부처님께서 일깨워 주고 있습니다.

선근이란 《보현행원품》〈수희분〉에 보면, 깨달음을 성취하겠다는 발심, 지혜를 성취하기 위하여 몸과 목숨을 아끼지 않는 정신, 수없는 세월을 중생을 위하여 모진 고행을 행하는 바라밀의 실천, 열반의 공덕을 널리 중생에게 베푸는 회향의 정신과 실천을 곧 부처님의 선근이라고 합니다.

우리가 무엇을 이루기 위해서는 수많은 고통과 역경과 실패를 거듭하면서 남들이 쉬고 놀 때 무한한 노력을 하고 피와 땀을 흘려야 합니다. 남들이 웃고 떠들고 방황할 때 불제자들은 하루도 쉬지 않고 자비 · 공덕 · 지계를 펼치고 인욕행을 하면서 깨달음을 구하여 기쁨을 얻는 날까지 모두가 수행 정진을 해야 합니다.

기쁨은 내가 스스로 갖는 것이고, 슬픔도 내가 스스로 맞이하는 것입니다. 상대적인 경우를 생각하면 슬픔도 기쁨으로 얼마든지 바뀔 수가 있습니다. 그러나 선근의 기쁨은 절대 뒤집혀지지 않는 고유의 기쁨입니다. 이른바 교만, 독선, 아집, 질투, 열등감, 증오, 비방하는 마음을 뿌리 채 뽑아 버리지 않으면 절대로 선근의 기쁨을 느낄 수 없습니다. 이런 마음을 버리지 않으면 수행 정진에 접어들 수 없으며, 그런 수행은 하나의 체면치레 같은 흉내밖에 되지 않고, 수십 년 혹은 수백 년을 해도 선근의 기쁨을 맛 볼 수 없는 것입니다.

"숨어서 '나'를 비방하는 자는 나를 가장 두려워하는 자다. 그러나 내 앞에서 나를 칭찬해 주는 자는 나를 멸시하고 있는 사람이다."

-중국 속담

위와 같은 속담에서 보듯이 비방하는 마음을 완전히 뿌리 뽑지 못한다면 칭찬이나 기뻐함이 허세이고 거짓일 수 있습니다. 그리고 《법구경》에 보면 "지혜로운 자는 칭찬과 비방에 흔들리지 않는다."라는 구절도 있습니다.

우리는 지금 반야의 언덕을 넘으려고 합니다. 그것은 그저 단순하게 넘을 수 있는 언덕이 아니라 하나의 거룩한 언덕입니다.

《반야심경》에 보면 "마하반야바라밀다"라는 구절이 있습니다. 이 바라밀다가 바로 지금 여러분이 들어선 곳입니다. 선근의 기쁨을 구하기 위하여 넘어야 할 언덕인 것입니다. 그 기쁨은 누가 전해 주는 것이 아니라 자기 스스로가 느껴야만 맛볼 수 있는 것입니다.

사람들은 작은 기쁜 소식에도 당사자가 앞에 있으면 기쁘다고 좋아 하지만 그 속마음은 그리 기쁘지만은 않은 경우가 많습니다.

"어째서 우리 집은 이렇게 안 풀리는데 저 집은 좋은 일 하는 것도 아닌데 왜 저렇게 좋은 일이 생기지."라고 하면서, 그야말로 사돈이 땅 사면 배 아프듯 속으로는 잔잔한 증오의 파문을 일으키기도 합니다.

우리는 그런 증오하는 마음의 씨앗조차 키워서는 안 됩

니다. 진실로 기뻐해야 할 때는 기뻐 해 줄줄 알고 슬퍼해야 할 때는 슬퍼해 줄줄도 알아야 합니다. 비방하는 마음은 자신의 우월감과 열등감과 교만과 증오심이 밖으로 드러나는 표현법입니다. 그런 증오와 우월감과 열등감과 교만은 바로 '너'와 '나'라는 분별심에서 싹이 터 오른 것이기도 합니다. 그래서 불가에서는 분별심을 버리라고 가르칩니다.

이제는 분별심도 모두 버리고 악의 씨앗은 심지 않으며, 저 반야의 언덕을 넘기 위해서 모두가 일심동체가 되어 한 마음으로 정진하며 선근의 기쁨을 구해야겠습니다.

하늘에서나 땅에서나

　선남선녀가 밝은 미소를 지으며 부처님 도량에서 기도하는 모습을 보면 그야말로 꽃이요, 등불이라고 하겠습니다.
　자신의 마음을 정리하고 부처님 앞에서 정진하는 모습을 보면 참 아름답습니다.
　우리가 부처님이라고 부르는 석가모니 부처님은 지금의 네팔 남쪽 국경 가까이에 있었던 석가족 출신의 성자로 부처가 되신 분을 말합니다. 석가는 그 출신 종족의 이름이고, 모니는 성자라는 존칭입니다. 일반적으로 '불타'라고도 하지만, 엄밀하게 말하면 그것만으로는 그 뜻의 설명이 부족합니다. 따라서 불타를 말할 때에는 반드시 '석가모니' 또는 '석존'이라고 해야 합니다.

부처님은 '눈 뜬 사람', '진리를 깨달은 사람'을 의미하는 존칭입니다. 이 존칭은 불교에서만 국한되어 사용되는 것이 아니고 인도의 자이나교에서도 쓰이고 있습니다. 또 석존은 고타마 싯다르타 한 분만 뜻하는 것이 아니라 이전에도 다른 부처님이 많이 있었다는 것을 말합니다.

여러 경전에 의하면 미래에는 미륵 부처님이 출현하시고 시방세계에는 무수한 부처님이 계신다고 하였습니다.

이들과 구별하기 위하여 우리들과 특히 인연이 깊은 부처님을 불타, 석가모니, 석존이라고 부르고 있는 것입니다.

제악막작(諸惡莫作) 중선봉행(衆善奉行)
자정기의(自淨其意) 시제불교(是諸佛敎)

모든 악을 짓지 말고 모든 선을 베풀어 실천하여
그 마음을 깨끗하게 하면 그것이 바로 부처님의 가르침이
니라.

우리 시대는 탐욕과 증오와 무지로 인해 말할 수 없이 오염되어 가고 있습니다. 자연이 파괴되고 환경이 오염되어 가고 있는 것보다 더 무서운 것은 바로 인간성이 무너지고 인류의 도덕성이 사라지고 있다는 현실입니다.

인간성이란 무엇일까요? 바로 '마음(心)'입니다. 인간성이 파괴되었다는 것은 마음이 병들었다는 것을 의미합니다.

사람의 몸을 받고 태어난 우리는 불교적으로 보면 겨우 한철 나고 마는 것처럼 짧은 생을 삽니다. 그 짧은 생 동안이나마 마음이 병들고 나면 제대로 사람답게 살지 못하고 일생을 마치게 됩니다. 사람답게 사는 길, 마음이 파괴되지 않고 사는 길을 석가모니 부처님께서 자신의 일생을 통해 일깨워주셨기 때문에 부처님 법은 내가 누구

인지, 왜 살아야 하는지를 가르쳐 주는 것으로 누구나 배워야 할 참 도리입니다.

부처님은 인간이 가장 존귀한 존재라고 하셨습니다. 지금이야말로 부처님의 말씀대로 인간의 주체성과 존엄성을 회복하는 '인간복귀 운동'을 일으켜야 할 때입니다.

얼마 전 어느 지방에서 두 어린아이가 유괴되어 온 나라가 떠들썩 했었습니다. 그 아이들을 찾으려고 노력하였지만 결국은 싸늘한 몸이 되어 나타났습니다. 인륜이 사라지고, 차마 인간이라고 부를 수 없는 한 사람으로 인하여 우리는 가슴 속으로부터 분노가 일어나곤 했습니다.

동서양 성인들의 훌륭한 가르침을 배우고 추앙했다면 그런 반인륜적인 범죄행위는 일어나지 않았을 것입니다.

두려움을 없애고 고통을 여읠 수 있는 지혜의 길을 밝혀 주신 부처님의 뜻을 가슴에 새기며 선업(善業)의 씨앗으로 참으로 귀한 인연공덕을 잘 심어 살아가야 머지않아 가을에 좋은 열매를 맺듯 인생에 복과를 얻을 수 있는 것입니다. 이제는 부처님께 의지하십시오. 부처님의 상에 의존하라는 것이 아니라 부처님의 진리, 그 가르침에 의지하라는 것입니다.

부처님의 가르침을 배우고 따르는 생활을 하다 보면 조금씩 고통이 없어지고 두려움도 사라질 것입니다. 그야말로 지혜의 밝은 등불 같은 광명의 길이 열린다는 이야기입니다. 부처님의 가르침에 따라 신념을 갖고 살아가자고 강조하고 싶습니다.

"하늘에서나 땅에서나 내가 가장 존귀하다.
온 세계가 고통이니 내 마땅히 편안케 하리."

나의 참 모습은 어디에

약이색견아(若以色見我) 이음성구아(以音聲求我)
시인행사도(是人行邪道) 불능견여래(不能見如來)
만약에 모습으로 나를 보려고 하거나,
소리로써 나를 찾는다면
이 사람은 삿된 길을 가는 사람이다.
결코 여래를 볼 수 없느니라.

《금강경》에 나오는 구절입니다. 이 사구게에는 우리의 참다운 모습과 의미가 담겨 있습니다.

노인들은 날씨가 흐리거나 비가 오려고 꾸물거릴 때 삭신이 쑤신다고 말합니다. 삭신이라는 것은 불교에서 말하는 색신, 곧 우리의 육체라는 뜻입니다.

'그대 모습은 참 아름답습니다'라고 말할 때 아름다워 보이는 모습, 그것은 눈을 통하여 보는 것입니다. 그러므로 색신은 눈으로 볼 수 있는 대상을 말합니다.

우리의 참 모습을 알기 이전에 부처님의 참 모습은 어떠했을까요?

부처님께서는 참 잘 생기셨습니다. 얼마나 잘 생기셨냐 하면 32상과 80종호라는 특징으로 전해오고 있는데 32상은 서른두 가지의 두드러진 특징이고, 80종호는 아주 미세한 여든 가지의 신체적인 특징입니다.

한마디로 말하면 석가모니 부처님은 역사상 가장 이상적인 육체미를 가지셨던 분이었으며, 최고의 미남이셨던 것입니다.

그래서 제자들 가운데는 '저렇게 잘 생기셨기 때문에 부처님이 되신 것이 아닐까?'라는 생각을 하는 사람도 있었습니다.

또 부처님의 음성은 보통 사람들의 음성과는 달리 위엄이 있으면서도 부드럽고 감동적이어서 누구나 부처님께 나아가 법문을 들으면 모두가 근심 걱정을 여의고 해탈을 얻을 수 있었다고 합니다.

부처님의 음성을 원음이라고 하는데 가장 이상적인 음성으로 조금도 모나지 않고 누구에게나 환영을 받는 그런 음성이었습니다.

우리는 서로 대화를 해 보면 마음이 포근해지고 호감이 가는 사람이 있는 반면, 말 속에 가시가 박혀 있거나 듣기가 거북스럽고 역겨울 때가 있는 사람도 있습니다.

우리는 무엇을 보고 사람을 싫어하고 좋아할까요?

그것은 눈으로 보고 귀로 듣는 대상을 통해서 상대를 좋아하기도 하고, 미워하기도 하고, 싫어하기도 합니다.

우리는 이 대상을 잘 보아야 합니다. 아상 · 인상 · 중생상 · 수자상, 즉 상을 떠나야 하는 것입니다.

부처님 말씀 중에 "약견제상비상(若見諸相非相) 즉견

여래(卽見如來)"라는 말이 있습니다. "만일 보이는 모습이 참모습이 아닌 줄 알면 곧 여래를 볼 수 있다."라는 말입니다.

우리는 상대의 참 모습은 물론 '나'의 참 모습도 볼 줄 알아야 합니다.

"만일 나의 외모를 가지고 나를 보려 하거나,
나의 음성을 통해서 나를 알려고 하면,
이 사람은 헛짚은 사람이니라.
그런 사람은 결코 나의 참 모습을 알 수 없으리라."

어떤 누구를 상대할 때도 적용되는 귀한 말씀입니다. 친구를 사귀거나 반려자를 찾을 때는 물론이요, 이웃을 만나는 자리에서도 얼굴이나 체격 혹은 목소리 같은 겉모습을 기준으로 하여 상대를 판단하게 되면 마침내는 상대에게 휘말려 큰 실수를 만나게 됩니다.

꽃미남·꽃미녀로 얼굴과 몸매를 바꾸기는 쉬울지 모

르나 자신을 부처님의 원만상처럼 가꾸기는 어렵습니다. 우리들은 원만상으로 바꾸는데 게을리 해서는 안 됩니다. 너무 쉽게 화를 내거나, 질투를 해서도 안 됩니다. 참된 모습은 겉에 드러나 있는 것이 아니라 우리 가슴 속 깊은 내면에 있는 것입니다.

그러면 무엇이 참 모습일까요?

아주 간단하게 말하면 마음입니다. 마음을 잘 가꾸면 진짜로 멋진 사람이 되는 것입니다. 마음이 깨끗하지 못하고 아름답지 못하면 미스 유니버스가 된다 하여도 외톨이로 따돌림을 당할 수밖에 없습니다. 우리는 그런 겉 모습이 아닌 참 모습을 위하여 공부를 하는 것입니다. 그 내면의 참 모습이 자신으로부터 우러나올 때 우리는 비로소 부처님의 원만상을 조금씩 닮아가는 것입니다.

여러분은 지금 어떻습니까?

오늘 하루도 짜증을 내고 지내지는 않았습니까?

오늘 하루도 남을 미워하고 화를 내지는 않았습니까?

오늘 하루도 나만을 위한 이기심으로 지내지는 않았습

니까?

 그렇다면 내일부터는 어떻게 '나'를 만들어 나가겠습니까? 탐·진·치 삼독심을 버리고 집착에서 벗어나 맑은 정신을 유지할 수 있도록 정진하여 참 나를 찾아야 할 것입니다.

참회는 수행의 시작이며 끝이다

"달은 오르내리며 늙음을 재촉하고
해는 뜨고 지며 세월을 재촉하네.
명예나 재물은 아침 이슬과 같고
고통과 영화도 저녁 연기와 같네.

너에게 마음 닦을 것을 간절히 원하노니
속히 깨달음을 이루어 미혹한 중생들을 제도할지이다.
금생에 이 말을 따르지 않는다면
내생에 후회가 만 갈래 되리라."

이것은 지눌 스님의 《초발심자경문》 마지막에 나오는 구절입니다.

세월은 우리가 숨쉬는 날숨과 들숨 사이에서 늙음을 재촉하고 있습니다. 마음 닦는 공부를 하지 않는다면 이 인생은 너무도 허망한 꼴이 되고 맙니다. 죽어서 돈을 가지고 가겠습니까? 아니면 명예를 짊어지고 가겠습니까?

지난번 시내에서 만난 스님과 함께 노인 분들만 계신 한 요양원에 갔었습니다. 그곳에서 어떤 분을 만났습니다. 젊어서는 제법 떵떵거리며 살았고 이름 석자 들먹이면 그 분을 모르는 사람이 드물 정도라고 했습니다. 그는 감당 못할 만큼 많은 재산도 있었습니다. 언젠가 그는 자신이 죽은 뒤에 혹시나 재산 다툼을 할지도 모른다고 생각하여 전 가족에게 재산을 골고루 나누어서 분배해 주었습니다. 그런데 그것이 큰 착오였습니다.

재산 분배가 있기 전에는 집 문턱이 닳도록 드나들던 자식들과 두 부인들의 발길이 완전히 두절되고, 가족들

모두 연락처까지 바꾸고 이사를 가 버린 것입니다.

 시골에서 조용히 살고 싶어 시골에 집 한 채 조그만 것 구한 것이 화근이었는지, 아니면 재산을 분배해 준 것이 화근이었는지는 몰라도 매주 주말이 멀다하고 찾아오던 가족들이 완전히 소식이 단절되고 어느 누구하나 연락할 길조차 막막해진 것입니다. 그러다가 결국은 있는 돈 다 털고 시골에 구한 집까지 팔아서 그렇게 양로원에서 허망한 세월을 보내며 재산 분배해 준 것에 대한 후회만 하는 것입니다.

 그 분이 곁에 있는 노장님들과 대화하는 것을 들어 보면 오로지 두 가지만 얘기합니다. 재산을 그대로 가지고 있다가 죽고 난 이후에 자식들이 다투든 쥐어박든 내버려 두던가, 아니면 아예 가진 재산을 고스란히 절이나 양로원에 기부를 하고 거기서 일생을 마음 다스리며 사는 것이 최고라고 말합니다.

 우리는 죽어서 갈 때 재산도 명예도 아닌 오로지 단 한 가지만 가지고 갑니다. 그것은 바로 우리가 금생을 살면서 지은 업(業)이라는 것입니다.

우리의 목숨은 아무도 알 수 없는 시한부 인생입니다.

임종을 눈앞에 둔 사람에게 제일 하고 싶은 것이 무엇이냐고 물어보면, "조금 더 사랑해 주지 못한 것이 후회스럽다." "싸우고 나서부터 연락도 못하고 살아왔는데 잘못했다고 말하고 싶다." "나만 너무 욕심을 부린 것 같아서 내 것을 전부 주고 난 뒤 가고 싶다." "가족들이 다투지 않고 사이좋게 지냈으면 좋겠다."라는 말입니다.

지눌 스님은 "모름지기 자신의 업장이 산과 바다와 같은 줄 알아서 마땅히 이참과 사참으로 업장을 소멸해야 하느니라."고 말했습니다. 마음 닦는 공부에는 참회기도가 최고입니다. 참회란 과거와 현재의 잘못을 뉘우치고 다시는 그런 일을 반복하지 않겠다는 다짐을 하는 것입니다. 참회의 방법에는 이참과 사참이 있습니다.

이참(理懺)이란, 죄업이 무엇으로부터 생겼는지 이치적으로 잘 관찰하여 참회하는 것을 말합니다.

죄는 번뇌망상에서 비롯합니다. 본래 자성이 없는 죄

가 번뇌망상의 마음으로 생겨난 것입니다. 따라서 번뇌망상의 마음이 없어지면 곧 죄 또한 없어집니다. 다시 말하면 죄와 번뇌망상의 본래 자성이 없다는 공(空)의 이치를 깨치면 이참, 즉 참회가 되는 것입니다.

사참(事懺)이란, 구체적인 신앙의 행위로 참회하는 방법을 말합니다. 사참에는 108배, 1000배, 3000배 등 절하는 방법이 있으며, 독경·사경·주력·정근 등을 하는 기도도 모두가 사참입니다. 물론 참회를 하면서 발원도 곁들여야 됩니다.

우리는 이 같은 이참과 사참의 진실한 뜻을 잘 알아서 업장을 소멸하고자 한다면 무엇보다 인과법에 대한 분명한 믿음이 필요합니다.

자기의 허물을 스스로 인정하고 참회하는 방법은 부처님 당시에도 있었습니다. 자자와 포살이 그것입니다. 포살은 자기 스스로 대중에게 허물을 드러내고 참회하는 방법이고, 자자는 여러 대중에게 자신이 어떠한 허물이 있는지를 지적해달라고 간청하여 누군가가 자신의 허물을 지적해 주면 감사한 마음으로 받아들이며 참회하는 방법입니다.

"원컨대 세세생생에 닦아온 모든 공덕을 고통 받는 육도 중생들에게 회향하고 발원하오니 오늘 함께 수행 정진하는 대중과 생사에 윤회하는 일체 중생들이 오늘부터 깨닫는 날까지 삼보를 굳게 믿고 공경하는 법문과 정법을 확고하게 믿는 법문과 업장을 참회하는 법문과 이웃 중생을 훼방하지 않는 자비심의 법문과 다른 이를 찬탄하는 환희의 법문과 남을 속이지 않는 성실의 법문과 다툼을 해결하는 화합의 법문과 다른 이를 공경하는 겸손의 법문과 다른 생명체를 해치지 않는 불살생의 법문과 환경을 파괴하지 않는 공존의 법문을 받들어 행하여 다 함께 영원히 법열과 자유와 평화의 삶을 누리게 하소서.
삼보님께서는 저희들을 위하여 오늘의 참회 발원과 회향의 수행을 증명하시고 저희들의 참회와 발원이 다 성취되도록 가피하여 지이다."

-《자비도량참법》중에서

사람으로 태어나 인생을 살아가다 보면 누군가에 대한 미움, 원망, 증오를 갖게 마련입니다. 남편, 부인, 친구, 이웃과 자신에게 엎친 데 덮친 격으로 닥쳐오는 액운들에 대하여 우리는 그것을 만나면 한탄하고 저주하기만 했지 자신에 대한 참회를 하지 않고 지냅니다.

그렇지만 그런 액운이나 저주 등으로 좌절하거나 절망하기 보다는 오히려 지금의 삶을 능동적이고 긍정적이며 창조적으로 섭수하는 마음가짐이 절실히 필요한 것입니다.

업이라고 하는 것은 지금의 인생을 보다 진지하고 값지게 살아가게 해주는 자신의 원동력이 된다는 것을 잊어서는 안 됩니다.

세 가지 종류의 마음

기도하는 마음에는 세 가지가 있습니다.

연려심(緣慮心), 육단심(肉團心), 진여심(眞如心)입니다.

평소에 인연 따라 일어나는 마음이 연려심(緣慮心)입니다.

누가 자신을 칭찬하면 기분이 좋고 누가 자신을 향하여 욕을 하면 기분이 나쁩니다. 배가 고프면 먹을 것이 생각나고 피곤하면 자고 싶어집니다. 법문이 재미가 없으면 자꾸 다리가 저리기도 하고 졸리기도 합니다.

이렇게 세상 인연과 조건에 따라 이리저리 왔다갔다 하는 것이 바로 연려심입니다. 생각나면 기도하고, 지나가면 잊어버리는 이런 연려심으로 기도를 하면 기도하는 사람만 피곤할 뿐 아무런 기도 효험을 바랄 수 없습니다.

이런 연려심보다 좀 더 강한 마음이 바로 육단심(肉團心)입니다.

육단심은 평소에는 일어나지 않다가 큰 욕심이 나면 일어나게 됩니다. "욕심으로 하는 일은 보통 때 보다도 다섯 배의 힘이 생긴다(欲求五增培)."라고 하였습니다. 그러므로 육단심 정도는 되어야 기도를 하는 것이라고 말할 수 있는 것입니다.

진여심(眞如心)은 평소에는 느낄 수 없지만, 특별한 경우 우리의 마음 깊은 곳에서 우러나오는 힘입니다.

"죽을 힘을 다하면 열 배의 힘이 생긴다(死力拾增培)."는 말은 바로 이 진여심과 관련이 있는 말입니다.

입시지옥을 이겨내려면 보통 마음의 연려심이 아니라 육단심, 진여심이 필요한 것입니다. 정말 간절한 마음으로 죽을힘을 다하라는 말입니다.

진여심으로 기도하는 것은 선방 수좌들이 화두를 들 때 '어머니가 죽은 것처럼 하라'는 것과 마찬가지입니다.

어머니가 돌아가시면 무슨 생각이 나겠습니까?

그냥 한없이 슬프고 슬플 뿐이지 무슨 생각이 날까요?

그야말로 밥을 먹어도 먹은 것 같지 않고, 잠을 자도 잠을 잔 것 같지 않을 것입니다. 다른 사람들과 이야기를 나누는 속에서도 오로지 돌아가신 어머니 생각만 슬픔으로 꽉 차 있을 것입니다. 밥을 먹다가도 '아이고 어머니', 다른 사람들과 이야기를 나누다가도 '아이고 어머니', 길을 걸어가면서도 나이 드신 분들만 보면 '아이고 우리 어머니' 그럴 것입니다.

어머니를 잃은 슬픔이 내 몸 속과 마음속에 꽉 차 있어서 자나 깨나 앉으나 서나 오로지 어머니 생각, 어머니를 잃은 그 슬픔만 가득한 것입니다.

바로 그것이 화두를 잡는 수좌의 모습이고 그런 간절한 마음으로 하는 기도만이 올바른 것입니다.

기도를 하든 천도법회를 하든 무엇인가를 하는 것이라면 바로 이 진여심으로 해야 합니다.

열 가지의 인욕행

첫 번째, 나와 내 것의 공허함을 관찰하라.

우리의 모든 행위는 정신적인 바탕 위에서 이루어집니다.

아무리 인욕행을 한다고 다짐해도 그 인욕에 대한 정신적인 바탕이 마련되어 있지 않으면 실행하기 어렵습니다. '나'와 '내 것'의 공허함을 관찰한다고 하는 것은 바로 인욕에 대한 정신적인 바탕을 마련하는 것입니다.

공(空)이란 아주 없다는 뜻이 아니라 실체가 없다는 뜻입니다. 실체가 없다는 것은 어떤 존재의 본질은 일시적인 현상일 뿐 영원한 것이 아니라는 것입니다. '나'와 '내 것'의 실상은 마치 저 하늘의 무지개나 아침 이슬, 번갯불, 물거품과 같이 일시적인 현상일 뿐입니다. 그래서 공인 것입니다.

집착이 없으면 걸림이 없고, 걸림이 없으면 인욕이 절로 이루어지는 것입니다.

설사 누가 나를 해한다거나 내 것을 빼앗는다고 할지라도 거기에 집착을 하지 않으면 성내거나, 속상해 하거나 할 아무런 이유가 없습니다.

이는 마치 무지개가 사라졌거나 번개가 순식간에 지나갔다고 해서 속상해 하거나 성내는 사람이 없는 이치와 같은 것입니다.

두 번째, 종성(種姓)을 생각하지 마라.

첫 번째 내용이 인욕의 근본이 되는 정신적인 작용이라면 두 번째는 인욕의 세부적이고 구체적인 작용이라고 할 수 있습니다. '종성'은 혈통이나 성별, 종족 등을 말하기도 하고 성문, 연각, 보살의 삼승을 말하기도 합니다. 깨달음을 성취하는 본래적인 소질, 소양 등을 종성이라고 합니다.

요즘 같은 현대적인 의미로 표현한다면 인종이나, 직업, 성별, 또는 지위에 따른 편견이라고 볼 수 있습니다. 만일 어떤 인종이나 혈통, 특정 계층이 다른 인종이나 다른 계층에 비해서 선천적으로 우월하다거나 반대로 열등하다는 편견을 갖게 되면 바로 그 의식 가운데 인욕을 방해하는 요소가 잠재합니다. 물론 여기에는 남녀 간의 차별도 포함됩니다.

부처님은 모든 중생이 불성을 소유하고 있으므로 그 근본에 있어서는 모두가 평등하다고 말씀하셨습니다. 그렇기 때문에 누구나 성불할 수 있다는 논리가 성립되는 것입니다.

그러므로 종성을 생각하지 않는다는 것은 곧 편견을 떠나 차별의식을 갖지 않는다는 의미입니다. 인욕은 바로 모든 사람들을 차별하지 않고 다 같이 소중한 존재로 보는 데서 인욕행 실천이 가능한 것입니다.

세 번째, 교만함을 제거하라.

자기 자신이 남보다 잘났다는 생각을 갖게 되면 인욕행은 불가능해집니다. 자신이 남보다 잘났다는 생각을 갖는 한 설사 겉으로는 고개를 숙이고 복종한다고 해도 그 마음속에는 분한 마음이 도사리게 마련입니다.

그러므로 진정한 인욕은 자신의 의식 가운데 도사리고 있는 교만심을 버릴 때 가능한 것입니다.

네 번째, 악한 일을 겪어도 보복하지 마라.

이것은 인욕행의 기본이 되는 요소입니다.

인욕은 이 같은 작용에 의해서 인과를 단절하는 효과를 거두게 됩니다. 남이 악한 일로 나를 해친다고 하여 이를 보복하게 되면 결국은 그 악한 행위는 돌고 돌아 상대와 나에게 모두 해를 입히게 됩니다.

인욕은 바로 이 같은 불행한 인과관계를 단절시키는 작용을 합니다. 그러므로 남이 나에게 해를 입힐지라도 복수하지 않고 용서할 수 있는 사람이라야 진정으로 인욕을 수행하는 사람입니다.

다섯 번째, 무상한 모습을 관찰하라.

이것은 인욕과는 직접적인 관련이 없는 것처럼 보일 것입니다. 그러나 오히려 인욕의 작용 가운데 도에 이르는 방법의 하나로서 매우 중요한 부분입니다.

모든 존재는 시간과 공간이라는 두 가지 측면을 동시에 갖고 있습니다. 일체의 존재가 공하다는 것은 공간적인 측면에서 존재의 실상을 파악한 것입니다. 이와 함께 모든 존재는 시간적으로는 무상합니다. 무상은 모든 존재가 시시각각 변화의 과정에 있다고 하는 진리입니다. 따라서 '나'도 공하고 '내 것'도 공하다는 공간적인 공의 도리가 됩니다.

어떤 현상이건 그것은 일시적인 것에 불과하다는 것을 철저히 인식하면 어떤 고통도 능히 견디어 낼 수 있는 것입니다. 현실의 고통이란 마치 저 하늘의 무지개처럼 일시적인 현상에 지나지 않기 때문입니다.

여섯 번째, 자비를 닦아라.

인욕행 가운데 일체중생을 내 몸처럼, 아니 오히려 내

몸보다 더 사랑하는 자비심이 없으면 이는 한낱 고행(苦行)에 불과하거나 아니면 더 큰 원한을 잉태하게 됩니다.

비록 어떤 역경을 잘 참아 견디어낸다 할지라도 자비심이 없는 인내는 진정한 의미에서는 인욕이라 할 수 없습니다.

복수심에서 어렵게 참고 견디는 것은 인내심이 아닙니다. 그 이유는 자신에게 해를 입힌 사람에게 자비심으로 참은 것이 아니기 때문입니다. 동체대비심에서만 인욕이 가능하기 때문입니다.

'타면자건(唾面自乾)'이라는 말이 있습니다. 어떤 사람이 자기에게 침을 뱉으면 침이 저절로 마를 때까지 기다린다는 뜻입니다. 곧바로 그 침을 닦게 되면 그 사람의 뜻을 거스르는 것이 되기 때문입니다.

이처럼 자신을 해친 사람일지라도 용서하는 마음, 가엾게 여기는 마음 없이는 진정한 인욕수행은 이루어지지 않습니다.

일곱 번째, 방일한 마음을 따르지 마라.

방일(放逸)이란 방탕이라는 말과도 통하는데 우리 마음이 게을러져서 옳지 않은 방향으로 흘러가는 것을 말합니다.

게으른 습관이나 방탕한 습관을 고치는 일과 함께 악행을 중단하는 일도 육체적으로 힘든 일을 참는 것만큼 힘듭니다. 그러나 방일로 흐르는 마음과 행동을 억제하는 노력 없이 진정한 인욕은 이루어지지 않습니다.

여덟 번째, 기갈·고락 등의 일에 마음의 영향을 받지 마라.

주변 환경에 구애받지 않고 항상 마음이 편안한 상태에 머물러 있음을 뜻합니다.

우리가 즐거워하고 괴로워하는 것은 대부분 크게 두 가지로 나눌 수 있습니다. 하나는 육체적인 것이요, 또 하나는 정신적인 것입니다.

여기서 기갈은 단지 목마르고 배고픔만을 말하는 것이 아닙니다. 춥고 더움과 같이 우리 육체에 미치는 모든 외부 조건을 말합니다. 그러나 사람이 괴로워하거나 즐거워하는 것은 이 육체적인 것 외에도 순전히 정신적인 영향도 있습니다. 이 모든 영향으로부터 마음이 순일한 상태가 되었을 때 비로소 진정한 인욕이 성취됩니다.

평상심이 바로 도라는 말은 선종에서 쓰는 말인데, 바로 이 평상심이 되어야 만이 진정한 인욕이 이루어지는 것입니다. 평상심이란 외적·내적 영향을 받지 않는 순일한 마음을 말합니다.

아홉 번째, 노여움을 끊어라.

인욕은 분심(忿心)을 단절하고 제거하는데 있어서 가장 확실한 대처방안입니다. 우리가 고통을 받고 사는 까닭의 3대요소 가운데 하나가 진심(瞋心)인데 진정한 인욕은 탐·진·치 삼독 가운데 하나인 진심을 확실하게 제거하는 효과를 가지고 옵니다.

노여움, 즉 진심을 끊지 않고서 완전한 인욕행은 이루어지지 않으며, 어떤 형태로든 마음 가운데 노여움의 찌꺼기가 남아 있다면 완전한 인욕보살이라 할 수 없습니다.

열 번째, 지혜를 수행하라.

모든 진리의 실상을 바로 보는 안목, 즉 깨달음을 성취하여 이를 바탕으로 실천하는 것을 뜻합니다.

이 열 가지의 인욕행을 완전히 갖추었다면 그 사람은 진정한 인욕보살입니다.

우리 모두 꾸준히 작은 일에서부터 인욕행을 실천하여 마침내 완전한 인욕을 성취하고 이 세상의 모든 고통을 스스로 감당할 수 있는 인욕보살이 되어야 합니다.

인욕은 자비심과 집착 없는 마음이 씨앗입니다. 모든 생명을 내 몸같이 사랑하는 자비심과 모든 존재가 실체가 없는 공(空)한 것임을 우리 앞에 펼쳐진 괴로운 현실이 무지개처럼 무상한 존재임을 마음속에 깊이 새겨 집착을 버리고 인욕을 실천하여 무량공덕을 성취하시기 바랍니다.

등불의 주인은 바로 등불을 켠 사람

청산은 언제나 내 마음에 있는 것이지
청산 속에서 나를 찾지 못한다면
청산 속에 있은들 이미 나는 청산 밖에 있는 것이다.
숲 속에서 숲을 보지 못하고
산 속에서 산을 보지 못하는 어리석은 이여!
그대 이름은 때 묻은 인간이니라.

 정신적 눈뜸, 자각의 길은 우리 주변에서 얼마든지 찾을 수 있습니다.

깨달음이란 이런 것이라 했습니다. 부처님께서는 길에서 나시고 길에서 찾으시고 길을 가르쳐 주시고 길에서 열반하셨습니다. 길이란 고정되어 있거나 결정되어 있는 것이 아닙니다. 길에서 무아와 공의 진리를 발견할 수 있는 것입니다.

계율을 잘 지키는 유명한 노스님이 한 분 계셨습니다. 그 스님은 비가 오는 어느 날 한 젊은 상좌와 같이 길을 떠나게 되었습니다. 산길을 가던 중 시내에 물이 불었는데, 고운 옷을 입은 한 처녀가 오도 가도 못하고 서 있는 것이었습니다. 젊은 상좌승은 '옳다구나. 내가 업어서 건네주어야지' 하고 단단히 벼르고 있는데, 노스님이 먼저 "처자, 내가 업어서 건너 줄 테니 내게 업히시게나." 하고 덥석 처녀를 업어서 시내를 건네주었습니다.

실망한 젊은 상좌승은 얼굴이 퉁퉁 부어서 한참을 가다가 노스님께 따지듯이 물었습니다.

"나보고는 계율을 잘 지키라고 엄명하시면서 스님은 처녀를 등에 업고 시내를 건네주십니까?"

그때 이 젊은 상좌의 마음속을 꿰뚫고 있는 노스님은 "네 이놈! 아직도 그 처녀를 업고 다니느냐?" 하고 호통을 쳤습니다. 벼락같은 호령에 젊은 상좌승은 확철대오 하였다는 이야기입니다.

우리는 살아가면서 아직도 벗어 버리지 못하고 너무도 많은 것을 이고 지고 업고 다니고 있는지도 모릅니다.

부처님께서 말씀하신 '해탈' 이란 벗어던지는 것이며, 버리는 것이며, 놓아 버리는 것입니다.

《금강경》이나 《천수경》을 독송하고 발원문을 읽는 것도 다 이러한 공부를 위해서 입니다.

이와 같이 고정된 사유, 사고방식의 늪에서 벗어나는 것이 무아요, 공이요, 반야입니다.

잇큐(一休) 선사의 시에도 그 의미가 담겨 있습니다.

"벚나무 가지를 부러뜨려 봐도 그 속엔 벚꽃이 없다.
그러나 봄이 되면 얼마나 많은 벚꽃이 피는가!"

인생의 봄은 결코 길지 않지만, 인생의 봄을 기다림은 즐겁고 신나는 일입니다.
 행복을 기다리는 인고의 세월 속에서 언젠가는 따스한 햇살이 내게도 비치리라는 염원을 갖고 기도를 해야 합니다.

 마음의 등불은 가꾸고 켜는 자의 것입니다. 기다리고 참고 무엇인가 끊임없이 찾는 자에게 마음의 등불이 켜지는 것인지도 모릅니다.
 우리는 밝고 맑은 마음의 햇살을 절과 기도, 참선과 법문을 통해 마음의 창을 활짝 열고 받아들여야 합니다. 세상에서 보람된 일을 찾아내어 그 일을 해야 합니다.
 외로운 이들이 외롭지 않게 하고 어려운 이들을 도와 마음의 빗장을 풀도록 해야 합니다. 이것은 마음뿐 아니라 행동으로 옮겨야 합니다. 그러면 마침내 내게 행복이 찾아오게 되어 있습니다.
 불교는 마음의 길이요, 불교는 마음의 진리요, 불교는

마음에서 우러나오는 실천입니다. 자기 자신과 이웃을 잘 보살필 때 사바는 정토가 되는 것입니다. 여실지견(如實知見)해서 여여해야 합니다.

  세상과 청산은 둘이 아니니 봄 햇살 같은 마음이 내게서 퍼져 나가는 한 불향(佛香)은 세상 어느 곳이든 유유히 흘러갈 것입니다.

발 없는 말이 천리를 간다

'소문!'

이 단어는 우리 인생의 그림자와 같은 존재입니다. 누구에게나 끈질기게 따라다닙니다. 소문으로 인하여 사랑하는 사람을 만나고 때론 그 사랑하던 사람과 헤어지기도 합니다. 또 어떤 사람은 소문으로 인하여 서슴없이 자신의 생명과 바꾸기도 합니다.

한없이 시달리고 시달리다가 없어지는 소문이란 언제나 마술 같은 눈송이처럼 지나갈 때마다 무엇이든 조그만 티끌마저도 더덕더덕 붙어서 지나갑니다. 절대로 그냥 지나가지를 않습니다.

소문은 인생의 팔고(八苦)에 속할 수도 있습니다.

① 태어나는 것에 대한 괴로움(生苦)

② 늙는 것에 대한 괴로움(老苦)

③ 병이 드는 것에 대한 괴로움(病苦)

④ 죽는 것에 대한 괴로움(死苦)

⑤ 사랑하는 이와 헤어지는 괴로움(愛別離苦)

⑥ 미운 이와 만나는 괴로움(怨憎會苦)

⑦ 구하는 것을 얻지 못하는 괴로움(求不得苦)

⑧ 통틀어서 정신과 육체로 이루어진 이 삶 자체가 괴로움(五陰盛苦)

그 소문이 위에 나열되어 있는 고(苦)에서 몇 군데 속하는가 살펴보도록 합시다.

사람은 누구나 영원하고 자유롭기 바라지만 우리의 현실은 그렇지 못하고 끊임없는 행복과 더 큰 자유를 추구하면서도 고통의 삶을 거부하지 못합니다. 그 중에 하나가 소문으로 인한 고통이 제일 크다고 할 수 있을 것입니다.

소문이라는 것은 처음에는 분명히 누군가의 입에서 간단하게 출발하지만, 이 사람을 거치고 저 사람을 거치다 보면 거대한 빙산이 되어 언젠가는 자신에게 돌아옵니다.

그때 만일 그 소문에 나 자신을 빼앗긴다면 이성을 잃게 되고, 또 그렇게 되면 사리판단이 흐려지기 때문에 나는 소문 그 자체를 그냥 흘려보냅니다.

또 만일 누군가 나에 대한 소문을 던져도 나는 그 사람을 오히려 불쌍하게 바라볼 것입니다. 오죽 할 일이 없으면 그 나이 되도록 중심을 못 잡고 어린아이 마냥 무슨 큰 건수 하나 잡은 듯이 동네방네 떠들고 다니는 모습을 보면 참 한심하게 보입니다.

설령 그 사람이 실수를 하여 살인을 했다 치더라도 평소에 그를 좋아하고 사랑하는 마음이 있다면 그 사람에게 자초지종을 들어보고 그 사람을 일단 위로해 주는 것이 인지상정일 것입니다. 그것이 바로 세상을 살 만큼 산 사람이 행할 도리인 것입니다.

사람의 마음은 자신이 사용하기에 따라서 티끌보다 작을 수도 있고, 또 반대로 우주 공간보다 넓을 수도 있습니다. 하지만 우리는 황당하고 터무니 없는 소문을 접하면 거의 이성을 잃습니다. 그것은 마음을 티끌보다 작게 만들어 버립니다. 그러나 자신에게 그런 경우가 없다면 흥분할 필요가 없습니다. 소문을 전하고 만드는 사람이 더 나쁜 것이니까요. 원래 소문이라는 것은 한 사람 지날 때마다 들은 사람이 또 자신의 생각과 사심을 보태어 퍼뜨리게 되어 있기 때문입니다.

그러면 어떻게 살아가는 것이 진정한 삶일까요?

① 원망하지 않는 삶의 자세를 길러야 한다.
② 인연에 순응하며 살아야 한다.
③ 무소유의 도리를 깨우쳐 만족할 줄 알아야 한다.
④ 진리에 입각한 수행자의 모습으로 살아야 한다.

⑤ 마음 깊이 진리를 깨달아 마침내 대자유와 대해탈을 얻도록 노력하며 살아야 한다.

⑥ 헛된 말을 퍼트리면 마침내 그것이 부메랑이 되어 나에게 돌아온다. 그때는 당사자와 어쩔 수 없는 한 바탕 다툼이 생길진대 소문이 오면 그냥 돌려보내는 삶을 살아야 한다.

⑦ 돈과 명예보다도 소중한 것은 타인에게 자신의 적을 만들지 않는 것이다.

⑧ 인생은 어차피 괴로움의 연속이지만 그 괴로움은 자신이 만드는 것이다.

⑨ 그대가 다른 이에게 또 다른 말을 덧붙여 보낸다면 그대는 소문의 당사자와 길에서 만나면 마음이 편치 않을 것이다.

⑩ 입으로 짓는 업(業)은 칼로 맞게 된다.

⑪ 혀끝은 비수보다 날카로운 무기가 될 수 있으니 늘 곱게 간직해야 한다.

언제까지 어린아이 같은 행동과 마음으로 살아가려는지 답답한 마음 풀기 어려워 오늘은 소문을 만들고 전하는 이에게 작은 법공양을 올립니다.

혀는 남을 죽이는 무기이며 또 혀는 자신을 죽이는 무기입니다. 입으로 짓는 구업이 제일 무섭고 많다고 합니다. 말 한마디에 천냥 빚을 갚는다는 속담이 있듯이 항상 바른 말과 고운 말로 다른 사람에게 즐거움을 줄 수 있도록 해야겠습니다.

제 3 장
치 어리석음을 깨우쳐라

인생의 가을을 풍요롭게

믿음은 내가 뿌리는 씨앗이요,

지혜는 내가 밭가는 모습이며,

신·구·의 악한 업을 제어하나니

그것은 내가 밭에서 김매는 것이다.

— 《잡아함경》

부처님께서는 인생일대사로 생사 문제, 곧 삶과 죽음에 대한 문제를 꼽으셨습니다. 불교만이 아니라 어느 종교건 간에 삶과 죽음의 문제를 떠나서는 아무런 존재의

214 탐·진·치

의미를 찾아 볼 수 없을 것입니다. 석가모니 부처님께서는 이 문제의 해결을 위해서 이 땅에 나셨고 성도하셨으며, 45년간 고구정녕하게 이 생사대사에 대해서 우리에게 너무나도 많은 말씀을 남겨 주셨습니다. 그러나 우리는 지금 사는 데만 정신을 빼앗겨 죽음이라는 것에 대해서는 전혀 의식하지 않고 있는 실정입니다.

매일같이 수많은 사람들이 죽어가고 있지만 죽음이 마치 남의 일인 것처럼 생각하고 있습니다. 내가 병들어 입원하고 나서야 비로소 죽음에 대한 두려움을 느끼지 평상시에는 천년만년이나 살 것처럼 생각하고 있습니다.

그러나 우리가 죽음이라는 것이 무엇인지 잘 모르고 산다면 진정한 삶을 살 수 없다는 것을 알아야 합니다. 왜냐하면 삶과 죽음은 마치 동전의 양면과도 같고 우리 손바닥, 손등과도 같기 때문입니다.

"저승길이 멀다더니 대문 밖이 저승"이라는 〈회심곡〉 가사의 말처럼 눈을 떠 허공을 보아야 비로소 살아있다는 것에 대해서 감사해야 하는데도 우리는 그것을 잊어버립니다. 마치 나는 살아있어야 하는 것이 당연하니 고마워할 필요가 없다고 생각하는 지도 모르겠습니다.

우리가 아직 힘이 있을 때 인생의 가을인 죽음에 대해서 생각한다는 것은 바로 오늘을 뜻있게 사는 의미가 담겨 있는 것입니다.

그것은 마치 해마다 가을이 되면 온 산에 빨간 단풍이 아름다움을 자랑하지만 그것은 잠깐이고 온 산은 다시 적막강산의 겨울로 변하듯이 사람들이 바라는 물질적인 욕구나 사회적인 욕망이 근본적으로 우리의 깊고 깊은 고민을 해결해 주지 못합니다.

생사의 본질을 깨닫고 이를 초월하여 이상적인 삶을 사는 문제, 그것은 예나 지금이나 많은 사람들이 구하려는 이치이지만 우리는 모두가 그것을 쉽게 구하지 못하여 오늘도 수행정진 하는 것입니다. 지금부터라도 부처님에 대한 확고한 믿음을 지녀 그 믿음이 자라고 싹이 돋고 꽃이 피고 열매가 맺힐 수 있도록 노력하여 이 가을에 수확하듯 우리의 노년에 편안한 믿음의 결실을 준비해야 할 것입니다.

이 믿음은 지혜라는 연장으로 무명의 단단한 흙을 부수지 않고는 싹이 돋지 않습니다.

농부가 밭을 갈아 흙을 고른 후에 씨를 뿌리듯 불성을 덮고 있는 두꺼운 무명의 흙을 지혜라는 가래로 갈아엎어야 합니다.

지혜는 다른 것이 아니라 '나'라는 집착에서 벗어나는 것입니다. 이 사대육신은 인연 따라 생멸을 거듭하는 것이요, 육신뿐만 아니라 온갖 것들이 무상하다는 현실을 직시하는 슬기가 바로 보리 지혜입니다. 그러나 지혜로 밭을 갈아 믿음의 씨앗을 뿌리고도 할 일은 남아 있습니다. 바로 무성한 잡초를 제거하는 일입니다.

토굴을 다녀 가시면서 많은 사람이 이렇게 말합니다.

"스님, 왜 사서 고생하시느라고 농사를 지으세요?"

"스님, 건강도 안 좋으시면서 밭은 왜 일구세요?"

승려가 밭떼기를 일구는 것은 단지 수확하는 기쁨을 얻는 것이 아니라 그 밭을 일구면서 많은 공부를 하는 것이

기도 합니다.

또 큰 사찰과 달리 토굴은 대중이 없기 때문에 수확을 한 모든 밭작물들은 토굴을 방문하는 불자님들에게 돌려드리는데, 그 농작물을 받아서 집으로 돌아가시는 모습을 보는 것으로도 늘 기쁜 것이 소납의 유일한 낙이기도 합니다.

가을은 숙연해지는 계절이기도 합니다. 온갖 곤충들이 땅 속이나 나무껍질 속에 알을 낳은 후에 그들의 소중한 삶을 마감하는 계절이기도 합니다.

"단풍놀이에 치마 벗겨지는 줄도 모른다."라는 옛 말도 있습니다. 비록 남들은 단풍놀이다 관광이다 열을 내고 다니더라도 우리는 마음을 가다듬고 숙연하게 이 가을을 맞이하는 게 도리라고 생각합니다.

지혜로 집착의 무명토를 갈아엎고 믿음의 씨앗을 뿌린 후 신·구·의 삼업을 잘 단속하여 생사의 윤회를 단절하고 자신의 불성을 회복하는 절기가 되었으면 합니다.

부자마음, 거지마음

　자기 식(識)의 생각이나 행동을 고집하는 사람에게는 제아무리 좋은 내용의 충고나 의견일지라도 전혀 영향을 주지 못합니다. 따라서 잘못된 선택으로 말미암아 어둠 속을 헤매게 되는 것은 그 누구의 잘못도 아닌 자신의 탓인 것입니다. 자신에게 주어진 기회를 외면한 것에 대한 자연스러운 현상이라고 봐도 지나친 표현이 아닐 것입니다.

　여러분은 지금 어떤 길을 가고 있습니까? 일례로 《법화경》에 나오는 이야기를 하나 들어 보겠습니다.

죽마고우로 함께 자란 두 친구가 있었습니다.

어느 날부터인가 연락이 서로 끊겨 서로의 소식을 모르고 오랜 세월 동안 친구라는 단어조차 잊고 살았습니다. 그 후 한 친구는 성실하게 노력한 결과 큰 부자가 되었습니다. 어느 날 부자가 된 친구가 큰 대로를 걸어가고 있었습니다. 그런데 그때 웬 거지가 갑자기 부자에게 달려오더니 돈을 달라고 애원을 했습니다.

그 거지의 부탁을 뿌리치고 가려다 말고 자세히 살펴보니 무척 낯이 익은 것이 오매불망 찾고 있던 옛 친구가 아니겠습니까.

부자는 친구를 만난 것이 반가워 남들의 시선은 아랑곳하지 않고 거지를 부둥켜안고 반가워 어찌할 줄 모르고 발을 구르며 좋아했습니다. 그런데 문제는 거지 친구에게 있었습니다. 그는 스스로 '거지'라는 못난 생각에서 벗어나지 못하고 비굴해졌던 것입니다.

"나으리 왜 이러십니까? 전 잘못한 게 없는데요." 하면서 자꾸 피하려고만 하는 것이었습니다.

그런데 부자 친구가 지난날의 추억을 하나씩 상기시켜 주자 거지 친구도 자신 앞에 서 있는 친구를 알아보고 반가워했습니다.

마침내 두 사람은 오랜만에 회포를 풀기 위해 부자 친구의 집으로 가게 되었습니다.

온갖 진귀한 음식을 대접받고 한참을 웃고 떠드는데 이때 두 사람의 마음에는 각기 다른 감회가 어리고 있었습니다.

부자 친구는 거지 친구를 바라보며 마음이 아팠습니다.

'어떻게 하면 저 친구를 도와줄 수 있을까? 자존심을 상하지 않게 도와줄 수 있는 방법은 무엇일까?' 하고 고민했습니다.

한편 거지 친구는 부자 친구를 바라보면서 처음의 자랑스럽던 마음이 점차 시샘으로 바뀌었습니다.

한참 분위기가 무르익을 즈음, 거지 친구는 고개를 숙인 채 깊은 잠에 빠졌습니다. 평소에는 먹어 보지도 못한 귀한 음식을 오랜만에 앉아 보는 따뜻한 방에서 진귀한 술에 배불리 먹으니 몰려오는 잠을 막을 수가 없었습니다.

부자 친구는 어릴 적에 세상의 모든 것을 다 나눠 갖자는 약속을 떠올리며 자기가 가진 보석 가운데서 가장 값진 보석을 친구에게 주려고 마음먹었습니다. 그 보석은 값으로 따질 수 없는 어마어마한 가치를 가지고 있는 보석이었습니다. 거지 친구가 평생은 배불리 먹고 살 수 있을 정도로 말입니다.

그래서 그 보석을 거지 친구의 옷소매 안쪽에 꿰매어 달아주었습니다. 거지 친구가 그저 횡재한 기분으로 자존심 상하지 않으면서 그저 잘 살 수 있기를 바라는 마음으로 떠 올린 방법이었습니다.

만남이 있으면 헤어짐이 있는 법, 이튿날 두 사람은 훗날을 기약하며 아쉬운 작별을 하였습니다.

다시 세월은 흘러 부자는 여전히 유복하게 살고 있었습니다. 그런데 아니 이게 어찌된 일입니까? 부자 친구가 길을 가다가 다시 거지 친구를 만났는데, 예전과 다름없이 여전히 구걸을 하는 것이었습니다.

부자 친구가 거지 친구를 붙잡고 물었습니다.

"아니 여보게, 왜 아직도 자네는 이렇게 살고 있는가?"

그러나 돌아온 거지 친구의 대답은 황당했습니다.

"에잇, 나쁜 사람아. 저 혼자만 잘사는 자네가 무슨 친구인가? 자네가 친구라면 나를 도와주어야지." 하면서 원망을 하는 것이 아니겠습니까.

어이없어 하던 부자 친구가 거지 친구에게 물었습니다.

"아니 이 친구야. 내가 그때 소매 끝에 꿰매준 보석은 어떻게 하고 그런 소리를 하는가? 자네 소매 안쪽을 보기는 했단 말인가?"

그러나 보석은 그때까지도 옷소매 안쪽에 그대로 달려 있었습니다.

이와 같이 지난 사람에 대한 자기 평가를 고정된 것으로 받아들이려는 사람은 거지의 운명처럼 어려움 속에서 결코 벗어날 수 없습니다.

부처님께서는 우리에게 삶의 지표가 될 만한 값지고 소

중한 바른 길을 가르쳐 주셨지만 우리는 지금 그 길을 제대로 찾아 가질 못하고 헤매고 있습니다. 부처님께서는 값비싼 보석을 우리 각자의 옷소매에 매달아 주셨지만 우리는 옷소매 속으로 손을 넣어 보지도 못하고 세상을 살고 있는 것입니다.

거지 친구가 옷소매 속으로 손만 집어넣어 보았어도 그 신세를 면할 수 있었을 것처럼 말입니다.

길 아닌 길이 없다지만 굳이 죽음의 길로 택하여 방황하여서는 안 됩니다. 어떤 길이든 길은 무한한 생명의 존귀한 가르침입니다.

부처님이 일깨워 주고 있는 바로 그 보배로운 길마저도 우리는 삶에 허덕인다는 핑계와 무조건 곧장 가려는 심사로 부처님의 바른 길을 안 가고 고집을 부립니다.

길은 누가 다니질 않으면 길이 아니듯 부처님 말씀이 아무리 값지고 귀하며 깨침을 주는 말씀이라 할지라도 그 깨침을 따르지 못하면 한낱 풀벌레의 울음소리만 못한 것입니다.

세 가지 변하지 않는 진리(三法印)

삼법인은 제행무상인(諸行無常印), 제법무아인(諸法無我印), 열반적정인(涅槃寂靜印)을 말하는데, 법인은 담마무드라(dhamma mudra)라는 범어를 번역한 말로, 법본말(法本末), 법본(法本), 상(相). 우단나(憂檀那)라고도 합니다.

여기서 법인이란 불교의 기치, 표식, 특질이라는 뜻으로, 불교를 증명하는 규준, 즉 규범과 기준을 말합니다.

인(印)이란 '도장'이란 뜻으로, 도장을 찍는 것처럼 곧 틀림이 없다는 증명을 하는 것입니다. 그러므로 불교의 교설이라고 하여도 이 삼법인에 배치되는 사상은 진실한 부처님의 가르침이 아닙니다.

또 법인이란 말은 진실하여 흔들림이 없고 변하지 않는 진리라는 뜻이며, 마치 도장을 찍어서 이를 확실하게 증명하는 것처럼 틀림이 없다는 뜻입니다.

삼법인은 이와 같이 틀림없는 불교의 교의를 크게 세 가지의 관점에서 본 것으로, 앞에서 말한 것처럼 제행무상인, 제법무아인, 열반적정인입니다.

여기에다 일체행고(一切行苦)를 더 추가하여 4법인이라고도 하고, 이 네 가지에 일체법공(一切法空)을 더하여 5법인이라고도 합니다.

첫 번째는 제행무상인입니다.

'제행'은 모든 것을 의미합니다. 이 모든 것에는 물질뿐만 아니라 정신까지도 포함합니다. 행이라는 말에는 여러 가지의 깊은 뜻이 있는데 범어 삼스카라(Samskara)를 번역한 말로, 여기서는 일체의 유위법을 말합니다. 유위법이란 인연 따라 일어나고 인연 따라 사라진다는 뜻으로 무위법과 반대되는 말이기도 합니다. 무위법은 자연 그대로의 만고불변의 진리요, 유위법은 인위적인 힘으로 만들어진 현상들입니다.

'무상'이란 '그대로 있지 않다'라는 뜻입니다. 그러므로 제행무상은 "모든 것은 항상 그대로 있지 않다."는 말입니다.

두 번째는 제법무아인입니다.

'제법'이란 모든 존재를 뜻합니다. 법은 물질과 정신작용 모두를 말하는데, 이 모든 것들이 '나'라는 개성이 따로 없습니다.

왜 '나'라고 하는 주체적인 사상이 없느냐 하면 모든 존재는 독립적으로 존재하지 못하고 서로의 상관관계에서만 존재하는 이른바 연기의 원리에 의해서 존재하는 것, 다시 말하면 인연생(因緣生)이기 때문입니다.

독불장군이라는 말처럼 혼자서는 아무 것도 존재하지 않는다는 뜻입니다,

이 무아는 범어로 안아트만(anātman) 또는 니르아트

만(nirātman)이라고 하는데, 이는 '아(我)'라는 의미의 아트만이라는 단어에 이를 부정하는 '안' 또는 '니르'가 붙어서 된 말입니다. 다시 말하면 '나'라는 뜻의 아트만을 부정하는 말이 '무아'입니다.

'아'는 영원히 변치 않고 독립적으로 스스로 존재하는 주인공으로서의 영혼 또는 실체를 의미하는 말입니다. 그러므로 '무아'는 이런 '아'는 존재하지 않는다는 뜻입니다.

다음과 같이 전해오는 이야기가 있습니다.

어떤 나그네가 길을 가다가 날이 저물어 어느 허름한 집에서 하룻밤을 지내게 되었습니다. 그런데 밤이 깊어지자 갑자기 밖이 소란해 지더니 한 아귀가 사람의 시체를 어깨에 걸쳐 메고 들어왔습니다. 그리고 다른 아귀가 따라 들어왔습니다.

두 아귀는 송장 하나를 놓고 서로 자기의 것이라고 싸우기 시작했습니다. 나그네는 공포에 질려서 꼼짝도 못하고 벌벌 떨고 있었습니다.

그런데 어떻게 알았는지 아귀들은 잠시 싸움을 멈추고,

한 아귀가 나그네에게 누가 송장을 들쳐 메고 왔는지 판결해달라고 부탁하는 것이었습니다.

나그네는 자신이 본대로 처음에 들어온 아귀를 가리켰습니다. 그러자 나중에 들어온 아귀가 화가 나서 나그네의 팔을 확 잡아 당겨 뽑아버리는 것이었습니다. 그러자 앞서 왔던 아귀는 자기를 변호해 준 나그네를 위해 송장의 팔을 쑥 뽑아 나그네의 팔 대신에 그 자리에 붙여 주었습니다.

이런 싸움이 한창 진행되었습니다. 뒤에 온 아귀가 다른 한 팔을 뽑아 버리면 먼저 온 아귀는 송장의 다른 쪽 팔을 떼어서 나그네에 붙여 주고……

결국에 나그네는 아귀들에 의해 사지와 눈, 코, 귀 등 모든 것을 송장과 바꾸어 달게 되었습니다.

한 동안 이와 같은 지루한 싸움을 계속하던 아귀들은 마침내 화해를 하고 둘이서 함께 나그네의 육신을 먹어 치우고 떠나 버렸습니다.

나그네는 이제 부모로부터 받은 육신은 아귀들의 밥이

되어 버렸고, 현재의 육신은 이름도 성도 모르는 낯선 시체의 것을 달고 서 있게 되었습니다.

나그네는 생각했습니다.

"나는 누구인가? 나는 어떤 존재인가? 나는 있는 것인가, 없는 것인가? 이 몸이 진정 나인가?"

미칠 것 같은 심정으로 나그네는 길거리를 소리치면서 방황하다가 마침내 부처님을 찾아뵙고 '나'라고 하는 것, '내 것'이라고 하는 것은 없다는 가르침을 듣고 진리를 깨우치게 되었다고 합니다.

우리들 대부분도 이와 같이 '나'라고 하는 것을 잘못 알고 있습니다. 이 '몸'을 '나'라고 알거나 끊임없이 변하는 자기의 '마음'을 '나'라고 알거나 이 두 가지가 합한 것을 '나'라고 아는데, 몸과 생각은 앞서 말한 것처럼 시시각각으로 변하는 무상한 존재입니다. 만일 어렸을 때의 나의 생각과 모습이 진실한 '나'라면 변해 버린 지금의 나의 생각이나 이 모습은 무엇일까요?

부처님께서는 '내 것'이라는 관념을 버리라고 하셨습

니다. 특히 우리의 신체를 '나'라고 생각하는 관념을 버리라고 하셨습니다.

《잡아함경》 권 3 《우타니경》에 이런 말이 있습니다.

"법은 나가 없고 또한 내 것도 없다. 나가 이미 없거니 내 것이 어디서 생기랴."

그러므로 이 무아사상은 우리 인간에게 가장 암적인 존재가 되는 탐욕의 근원인 '나에 대한 집착'을 벗어버리라는 가르침입니다.

세 번째는 열반적정인(涅槃寂靜印)입니다.

열반적정이란 온갖 번뇌로부터 벗어나 가장 고요하고 평화로운 경지에 도달하는 것을 말합니다.

세상은 끊임없이 변화하고, 나라고 집착할 것이라고는 아무것도 없는 허무하기만 한 것이 아니라 또 한편으로는 참으로 이상적이고 보람있는 면도 있습니다.

바로 깨달음의 세계요, 부처님의 세계입니다.

이를 열반적정이라고 합니다.

열반이란 니르바나(NIRVANA)라는 범어를 소리대로

번역한 말로, 한자로는 멸(滅)·적멸(寂滅)·멸도(滅度)·적(寂)의 뜻입니다.

해탈이라는 말과도 같은 뜻으로 타오르는 번뇌의 불꽃을 완전히 꺼버리고 깨달음의 지혜인 보리를 완성하는 경지를 말합니다.

본래 니르바나는 '불어서 끈다' 라는 뜻입니다. 우리가 생사의 바다를 괴롭게 건너가는 것은 모두가 번뇌의 불길이 일어나기 때문인데, 이 번뇌의 불을 불어서 꺼버리고 생사가 없는 절대 편안한 경지에 이르는 것이 열반입니다. 따라서 열반은 곧 해탈이요, 깨달음의 세계입니다. 그러므로 이 열반적정은 불교도라면 누구나 도달해야 하는 최고의 목표이기도 하고, 무상하고 덧없는 고통스러운 현실을 지혜롭게 극복하면 마침내 도달할 수 있는 가장 이상적인 세계입니다.

어제의 선량한 사람이 오늘의 악인이 될 수도 있고, 어제의 악인이 오늘의 성스러운 사람이 되기도 합니다. 이처럼 변하는 것이 우리 인간입니다.

무상은 변한다는 뜻입니다. 변한다는 것은 발전할 수 있다는 뜻이기도 합니다.

　우리는 모든 것은 변한다는 이 진리를 깨달아 현재의 불행에 무릎 꿇고 굴복하거나 좌절하지 말고 보다 나은 내일을 행하여 무상무념으로 기도 정진해야 합니다. 현재의 작은 행복에 탐닉하지 말고 보다 나은 내일을 위해 힘써야 합니다.

　이 삼법인이라는 불교의 근본교의를 통하여 현실에 올바른 인식을 하고, 무상과 무아의 현실을 초월하여 생사가 없는 열반적정의 깨달음에 이르도록 우리 다 같이 정진합시다.

겁(劫)이란

"아난아, 내가 생각하건대 지난 옛적에 저 한량없고 끝없는 아승기(阿僧祇)의 헤아릴 수 없고 말할 수 없는 겁(劫)도 넘는 때에 한 전륜성왕이 있었으니 이름을 선견(善見)이라고 하였다.

그는 사방을 항복 받아 법대로 세상을 다스렸으며, 그 왕이 통치하는 곳은 모두 다 풍족하고 즐거웠으며, 채찍과 곤장을 쓰지 않고 또 살해함도 없었으며, 전쟁도 없어져 법답게 인민을 교화하였다."

―《불본행집경》제2권 〈발심공양품〉

여기서 '아승기'란 인도에서 말하는 큰 수(數)를 말하며, '겁'이란 무한히 긴 시간을 말합니다. 우리는 흔히 억겁이 지나도 못 한다 혹은 억겁 동안 쌓아져 온 인연이라는 말을 합니다. 그럼 여기서 1겁(劫)이 어느 정도의 시간인지 살펴보겠습니다.

① 개자법(芥子法)이라 하여 40리 성밖에 개자씨(겨자씨)를 가득 채우고도 그것을 백년에 한 알씩 끄집어내는데 이 개자씨가 다 꺼내지는 때를 1겁이라고 합니다.

② 바위를 이용한 계산법으로 사방 40리가 되는 큰 바위를 백년에 한 번씩 엷은 옷으로 스쳐 지나가 그 마찰로 바위가 모두 닳아 없어지는 때를 1겁이라고 말합니다.

③ 삼천대천세계를 먹으로 삼아 갈아서 먹물을 만들어 그 먹물로 1천세계를 지날 때마다 한 방울씩 떨어뜨리는데 그 먹물이 다 떨어질 때까지 무수한 국토를 지나야 하며, 그 국토를 다시 갈아서 먹물을 만들고 그 먹물로 1천세계를 지날 때마다 한 방울씩 떨어뜨려 먹물이 다 없어

지는 때를 1겁이라고 합니다.

④ 5백천만 나유타 아승기의 삼천대천세계를 부숴 먼지를 만들어 이 먼지를 5백천만 나유타 아승기의 세계를 지날 때마다 한 알씩 떨어뜨려 그 먼지가 없어질 때까지 지나온 세계를 다시 부수어 한 먼지로 만들어 한 알씩의 먼지를 다 떨어뜨리는 세월을 1겁이라고 합니다.

어쨌든 간에 한 마디로 아주 헤아릴 수 없는 긴 시간의 단위를 겁(劫)이라고 합니다. 그런데 10천겁의 선근을 쌓은 공덕이라야 도반이 되는 인연을 만난다고 하였습니다.

부처님 법을 배우고 따르는 모두가 도반입니다. 그러니 우리는 그 얼마나 많고 깊은 전생의 선근들을 쌓은 인연공덕으로 만났겠습니까?

부처님께서는 늘 '법답게 살아라'는 말씀을 많이 하셨습니다. 즉 법답지 않은 말을 하는 사람, 억지를 쓰는 사람이 되어서는 안 된다고 말씀하셨습니다.

법답게 못 사는 사람이 누구인지 아십니까?

색에 빠져 행실이 바르지 못한 사람, 술을 즐겨 가사나 업무나 국사를 제대로 돌보지 못하는 사람, 지나치게 취미에 빠져 예절을 닦지 못하는 사람, 살생을 즐겨 인자한 마음을 내지 못하는 사람, 말을 함부로 하여 부드럽지 못하는 사람, 도리에 어긋나게 백성의 재산을 빼앗는 사람, 어진 이를 멀리하여 충고를 받아들이지 않는 사람, 삿되고 아첨하는 사람을 가까이 하는 사람이 바로 하루아침에 나라를 망하게 할 사람이라고 말씀하셨습니다.

지금 우리들이 사는 생활이야 말로 악몽 그 자체라고들 합니다. 악몽이란 스스로 깨어나지 않으면 더욱 죄여오는 것입니다. 너무나 많은 이익에 영합해 왔으며, 자신의 잘못된 점을 참회하기는커녕 실패에서 도피하려고만 하였지 참다운 법에 의지한 정신적 가치를 추구하는 데는 게으름이 없었나를 돌이켜 보아야 합니다.

그렇게 안일한 행동으로 살다 보니 무엇이 해로운 일이고 무엇이 참다운 일이며, 무엇이 법다운 일인가를 모르고 늘 남용되고 있는 권력 앞에 무력하게 살아왔던 것입니다.

우리는 모두가 대장부다운 눈을 가져야 합니다.

불가에서 말하는 대장부란 욕심이 없는 마음을 가진 사람, 신체가 건강한 사람, 나쁜 행동을 하지 않는 사람, 항상 도(道)를 잘 지키는 사람, 덕을 간직하고 있는 사람, 종교적인 생활에 출신하는 사람 등의 7가지 조건을 갖춘 사람을 말합니다.

이런 조건을 갖춘 사람이라면 반드시 큰 일을 이루어 낼 사람이라고 하였습니다.

그러니까 우리는 지금까지 졸장부로 늘 탐욕에 이끌려 헛되게 살아 왔다고 해도 과언이 아닐 것입니다. 요즘처럼 사회가 날로 험악해질 때 이러한 사회를 구제할 수 있는 사람이 바로 대장부입니다. 이러한 대장부 기질을 가진 사람들이 많이 나타나 요즘같은 악습의 사회에서 벗어나 밝은 사회로 이끌어야 합니다.

신뢰할 수 없는 사람들끼리 산다는 것은 참 불행한 일입니다. 신뢰할 수 없는 사람들끼리 살면서 서로가 신뢰

하기를 바라는 일처럼 어리석은 바람은 없을 것입니다. 서로가 신뢰할 수 있는 사회가 되기 위해서라도 참다운 부처님 법에 의지하여 법다운 수행을 하여야 합니다. 그야말로 항상 무한한 지혜를 깨우쳐 이 사회에 대장부가 되어야 합니다.

몸이 병든 것은 모두가 치료하려고 하지만 요즘은 정신이 병들어 있는데도 아무도 치료하지 않으려 합니다. 만약 적당히 야합하고, 적당히 살면 우리 사회는 물질적 빈곤에서 벗어나지 못합니다. 물질적·경제적 우월감에 빠져 졸장부로 살면서도 마치 대장부가 된 듯이 힘없는 사람을 이용하고 사는 사람들이 많을수록 나약한 국민들은 그들의 희생양이 될 수밖에 없습니다. 희생정신이 필요하고, 참다운 가치관을 갖고 부처님 법을 깨우쳐 이 사회를 다스릴 수 있는 대장부가 필요한 시기입니다.

지금부터라도 우리의 자녀들에게는 그렇게 가르쳐 차후 세대에서만이라도 대장부들이 속속 나타나 다시 사회 전반을 일으켜 세워야 합니다.

부처님의 법을 알고 자비심으로 살아가는 사람들이 우리의 일꾼으로 나타나야 한량없고 헤아릴 수 없는 세월까지 폭력이 없는 세상, 전쟁도 없는 세상, 오로지 법답게 사람들을 교화하면서 평온과 행복이 끊이지 않는 세상이 될 것입니다.

길 아닌 길

  길을 가다보면 같은 길을 빙빙 돌고 있는 사람을 만나게 될 때가 있습니다. 그 사람은 찾아 가려는 곳의 길을 몰라서 헤매고 있다는 것을 금방 알 수 있습니다. 그래서 그 목적지를 이런 저런 설명을 해 가면서 자세히 가르쳐 주면 그 사람은 잘 알았다고 감사하다고 인사하며 서둘러 길을 찾아갑니다. 언뜻 보기에는 알아들은 듯하여 흐뭇한 마음으로 그 사람을 물끄러미 바라보는데 아니 이게 웬일입니까? 분명히 자세히 가르쳐 주었지만 전혀 다른 곳으로 가는 게 아니겠습니까?

이런 경우를 당한다면 누구나 황당하고 당황스럽기까지 할 것입니다. 분명히 제대로 가르쳐 주었지만 엉뚱한 길로 가서 어쩌겠다는 것인지 어이없을 때가 있습니다.

이와 마찬가지로 바르고 참된 삶에 대한 가르침을 많이 듣는 것만이 능사가 아닙니다. 제 나름대로의 생각이나 행동을 고집하려는 사람에게 아무리 좋은 내용, 좋은 말이라고 할지라도 전혀 도움이 되지 못합니다. 따라서 잘못된 선택으로 말미암아 어둠 속을 헤매게 되는 것은 그 누구의 잘못이 아닌 자신의 탓입니다.

자신에게 주어진 기회를 외면한데 따른 자연스런 결과요, 현상에 지나지 않습니다.

누구나 행복이나 성공과 같은 나름대로의 삶을 열심히 추구한다지만 한 번 길을 잘못가면 우왕좌왕 하면서 제자리를 맴돌기 마련입니다.

설령 추구하던 목표에 다다른다고 해서 모든 문제가 말끔히 해결되는 것도 아닙니다. 삶은 결코 정지된 상태로 자신을 용납하진 않습니다. 이만하면 되었다 싶다가도 지향을 멈추지 않기 때문입니다. 만약 특정한 모습이나 상태만으로 자신을 지향한다면 끝내 그 속에 함몰된 채로 마치 번데기와 같은 삶이 되는 것입니다.

비록 번데기에서 나비가 태어나지만 번데기로서의 그 생명형상을 마감해야 나비가 되어 하늘을 훨훨 날아다닐 수 있는 것입니다. 만약 번데기라고 불리는 상태를 유지하면서 나비가 된다고 한다면 그것은 분명히 억지 주장입니다.

번데기의 삶을 그대로 연장한다고 해서 나비가 되진 않습니다. 번데기의 존재로부터 완전히 벗어나야 나비가 되는 것입니다. 그럼에도 불구하고 모든 사람들이 좀처럼 번데기와 같은 삶을 포기하려고 하지 않습니다. 우리네 사람들은 평생을 속박된 채로 살다가 일생을 마치게 됩니다. 번데기와 같이 자신이 뱉은 실로 자신을 얽어맨 상태로 말입니다. 움치고 뛸 가능성을 스스로 박탈하고는 기꺼이 죽음의 상태를 맞이하는 것입니다. 반면에 물론 자신을 표현하는 데 있어서 거침없는 사람도 있습니다.

거미가 자신의 실을 뽑아 놓은 실 위를 신나게 걸어 다니 듯 말입니다. 우리 모두는 세상을 향해서 뽑아내는 실이 있습니다. 그것은 언어일 수도 있고 업적일 수도 있으며, 나이나 젊음일 수도 있습니다. 그러나 수많은 실을 뽑아내면서 그것을 놀이터로 삼는 거미가 될지 아니면 번데기처럼 자신의 몸에서 나온 실로 스스로를 옥죄다가 죽고 마는 삶이 될지는 자기 선택에 달려 있습니다.

길이란 사람이 다닐 때 길입니다. 사람이 다니지 않으면 그것은 길이 아닌 것입니다. 어떤 길이 크고 시원하게 뚫려 있다고 해도 우리가 선택하여 다니지 않는다면 그것은 길이 아닙니다. 그렇게 사람이 다니지 않게 되는 길은 지도에 그려진 선에 불과한 것입니다. 선택한 길에서 겪는 어떤 사건이나 일들도 하나같이 바로 자신의 몫입니다. 지금 가고 있는 길을 통해서 최선의 가치를 실현하는 것이 존재의 이유이기 때문입니다. 길 아닌 길은 없지만 굳이 죽음의 길을 택하여 방황하는 어리석은 일은 하지 말아야 합니다. 그리고 어떤 길을 가든 언제나 생명의 무한한 가능성을 만들어내야 합니다.

지금까지 걸어 온 길이 잘못되었다면 새로운 길을 다시 찾아 매사에 활기차고 지혜로운 길을 걸으시기 바랍니다. 길이 아닌 길을 억지로 갈 필요는 없습니다. 우리에게 주어진 시간은 그리 길지 않기 때문입니다.

지도자의 바른 선택

지도자를 잘 뽑아야 하는 까닭

올바른 지도자는 다음과 같은 조건을 갖춘 분이어야 합니다.

첫째, 거짓이 없고 진실한 사람이어야 합니다.

둘째, 적절한 시기에 알맞은 대응을 하기 위한 준비가 되어 있는 사람이어야 합니다.

셋째, 비판이 법도에 어긋나지 않고 나라 운영에 보탬이 되는 사람이어야 합니다.

넷째, 거칠거나 험하지 않아야 합니다.

산목숨을 죽이지 말고 남이 주지 않는 것을 갖지 말며,
거짓말하지 말고 화합을 깨뜨리지 말며,
탐욕을 버리고 성내지 않으며,
시기하지 말고 교만을 과감히 버려라.

서울시 종로구 낙원동 58-1 종로오피스텔 1020호 · 전화: 02-730-2500, 725-2800 · 팩스: 02-723-5961

다섯째, 사리사욕을 벗어나 사랑하는 마음으로 잘못을 시인할 줄 아는 사람이어야 합니다.

부처님께서는 이미 2600년 전에 올바른 지도자를 염두에 두고 하신 말씀이 있습니다.

"마가다 국에 두 사람의 소치는 목자가 있었다. 그 중 한 사람은 어리석고 또 한 사람은 지혜로웠다.

두 사람은 많은 소떼를 거느리고 있었는데, 우기를 맞아 먹이가 풍부하고 안전한 곳으로 가기 위해 갠지즈 강을 건너려고 했다.

그런데 어리석은 목자는 이쪽 언덕과 저쪽 언덕을 잘 관찰하지 않고 물살이 빠르고 약한 곳, 깊고 낮은 곳을 살피지 않고, 한꺼번에 소떼를 몰아 강을 건너게 했다.

그의 소떼는 강물 한 가운데에 이르자 거센 물살에 휩쓸려 모두 죽고 말았다. 그는 강물의 상태를 잘 살피지 않고 무모하게 욕심내어 강을 건너려했기 때문이다.

그러나 지혜로운 목자는 소떼를 몰아 강을 건너기 전

에 여러 가지 상태를 잘 살폈다. 우선 이쪽 언덕과 저쪽 언덕을 잘 살펴보고 강폭이 좁으면서도 물살이 완만하고 깊지 않은 곳을 선택했다. 소떼들 가운데서도 비교적 힘이 세고 길이 잘 들여진 놈을 먼저 강을 건너 저쪽 언덕에 이르게 했다. 이어 암소를 건너게 한 뒤, 다시 중간 소와 송아지를 건너게 했다. 송아지들은 어미 소를 보며 용기를 얻어 무사히 강을 건넜다."

이것은 올바른 지도자와 그렇지 않은 지도자를 가려내기 위한 예입니다. 그러나 이 말씀은 비록 종교지도자에게만 한정된 것이 아니라 오늘날 우리 사회의 각계각층의 지도자를 뽑는데 있어서 우리가 잊어서는 안 될 기준을 말씀하고 있는 것입니다.

이렇듯 지도자를 잘못 뽑게 되면 그 피해는 우리에게 직접 닥치게 되어 있습니다. 이것이 인과의 법칙이기도 합니다.

어떤 지도자를 뽑을 것인가

지혜로운 사람이 여러 가지 사정을 잘 관찰하듯 우리 유권자들도 여러 후보들의 면면을 요모조모 잘 따져서 이 사람이 잘하는 것은 무엇이고 저 사람이 잘 하는 것은 무엇이며, 과연 누가 우리 사회를 위하고 국가를 위해 일할 수 있는 사람인가를 살펴야 합니다.

구태의연하게 옛날처럼 지역 의식에 사로 잡혀 있거나, 친인척 혹은 학연, 지연에 얽매여서 무조건 뽑는 시대는 사라져야 합니다.

그러면 지도자가 갖추어야 할 기준은 무엇일까요?

첫째, 전문적인 식견과 지혜가 있어야 합니다.

둘째, 성실하고 진실 됨 속에서 여러 사람의 의견을 잘 수렴하여야 합니다.

셋째, 용기가 있어야 합니다. 강물의 깊이와 물살의 세기를 판단한 것처럼 판단이 서면 주저 없이 강행할 줄도 알아야 합니다.

넷째, 불이익을 당할까 두려워 당론만 따라가는 줏대

없는 사람은 안 됩니다.

　지연, 학연, 혈연은 우리 경제에 아무런 도움을 주지 못합니다. 고향사람이 혹시나 지도자가 되면 그 지역에 도움을 받을지도 모른다는 생각, 어느 학교 출신이어야 한다는 잘못된 사고방식에서 우리는 벗어나야 합니다. 우리 가문에서도 지도자가 한명쯤은 나와야 한다는 생각으로 뽑아서도 안 됩니다.

올바른 판단의 국민 의식

　어떤 사람들은 벌써부터 이렇게 말합니다. "다 똑같은 사람들이니까 이왕이면 내 지역 사람이나 뽑을 거라고." 그러나 이 생각은 대단히 위험한 생각입니다.

　《백유경》에 이런 이야기가 있습니다.

　옛날에 어떤 사람이 소 250마리를 기르고 있었다. 그는 언제나 싱싱한 풀이 많은 곳으로 소들을 끌고 가서 풀을 먹였는데, 한 번은 호랑이가 나타나 소를 한 마리 먹어 버렸다.

그는 이렇게 생각했다.

'소 한 마리를 잃었으니 이제 완전한 무리는 못된다. 그러므로 나머지 소는 쓸모가 없게 되었다.'

그리하여 그는 소들을 깊은 골짜기의 낭떠러지로 끌고 가서 아래로 떨어뜨려 모두 죽여 버렸다.

어리석은 세상 사람들은 이와 마찬가지이다.

'이미 한 가지 계를 어겼으니 이미 구족계라 할 수 없다. 그러니 그것을 명심하여 지킨들 무슨 소용이 있겠는가.'

이렇게 계를 어기는 바람에 나중에는 하나도 지키지 않게 된다. 그 어리석은 사람이 소의 무리를 모두 죽여 버려 한 마리도 남기지 않는 것과 무엇이 다르겠는가?

이 이야기는 계율을 지키지 않는 수행자들을 빗대어 그 잘못을 훈계한 말이지만 좀 더 폭넓게 해석하면 전부가 아니면 전무라는 냉소주의와 자포자기를 경계하라는 의미로 오늘날 우리 현실에서도 적용되는 것입니다.

누가 국가와 사회를 위하여 헌신적인 지도자가 될지 우리가 잘 선택해야 할 의무가 있습니다. 절대 감언이설에 현혹되지 않고, 부처님께서 가르쳐 주신 지혜를 증득해서 말입니다.

마음과 확신

　보조국사 지눌은 고려시대의 훌륭한 스님이신데 스님에게는 누님이 한 분 계셨습니다. 그 누나는 보조국사가 계시는 절에 자주 놀러왔었다고 합니다. 그런데 절에 와서도 농담하고 놀기를 좋아했으므로 사람들이 '절에 와서 공부는 안 하고 잔소리만 하느냐'고 나무라자 '내 동생이 도인인데 무슨 걱정이냐. 극락갈 때 동생의 발목잡고 가면 될 것 아니냐' 하고 사람들에게 쏘아댔습니다.

　이 말을 들은 보조국사는 시자를 시켜서 누님에게 저녁을 드리지 말도록 했습니다.

저녁 공양이 끝나고 보조국사는 태연하게 누님에게 가서 물었습니다.

"저녁 공양은 잘 드셨습니까?"

그러자 누나가 대답했습니다.

"밥은 자네가 먹었는데 내 배가 왜 부르겠는가?"

보조국사는 대뜸 이렇게 말씀하셨습니다.

"그러면 염불은 내가 하는데 누님이 극락은 어떻게 간다는 것입니까?"

그때야 누나가 크게 깨닫고 말하기를 "먹는 것도 각각이고 입는 것도 각각이듯 염불도 각각이고 극락도 각각이네." 하고는 "어떤 방법으로 염불을 하여야 극락에 갈 수 있는가?" 하고 묻자 보조국사는 다음과 같이 말했습니다.

아미타불재하방(阿彌陀佛在河方)

착득심두절막망(着得心頭切莫忘)

염도념궁무념처(念到念窮無念處)

육문상방자금광(六門常放紫金光)
아미타불은 어디에 계신가?
마음을 잡아두고 간절히 잊지 마라.
생각생각 지극하여 생각 없는 곳에 이르면
눈, 귀, 코, 혀, 몸, 뜻에서 자금광을 발하리라.

 마음을 똘똘 뭉치고 된다는 확신을 갖고 일념으로 기도하면 부처님과도 보살님과도 대화가 통하는 법입니다. 오직 한 마음으로 믿음이 확실한 기도를 한다면 바로 그 자리가 부처님 마음자리, 즉 부처님께서 말씀하신 중생 각자가 본래부터 간직한 불성이 있는 자리인 것입니다.
 보조국사께서는 바로 그 자리를 '육문상방자금광'이라고 하셨습니다.
 그런데 오직 이 한 마음과 확실하다는 믿음은 기도할 때만 그런 것이 아니라 가정생활이나 사회생활이나 어디에서든 우리들이 살아가는데 꼭 필요한 자세입니다. 모든 수행 정진에는 일체의 다른 생각이 없어야 합니다. 마

른 풀을 활활 타는 불길 속에 던지면 흔적도 없이 타버리는 것처럼 죄업이라는 업장도 송두리째 소멸해야 합니다.

 이 본래 모습을 찾기만 하면 모든 소원은 저절로 이루어지는 것입니다. 그것은 바로 자신이 스스로의 불보살이 되기 때문입니다.

 우리 자신 속에 깊숙이 감춰진 가장 값지고 소중한 보물을 찾아내어 오늘부터는 다시 한번 생에서 가장 멋지고 보람 있는 인생을 살아보도록 정진합시다.

떠들고 우쭐대지 마라

한국의 대통령과 일본의 수상이 한 자리에서 만났습니다.

한국과 일본의 국민 수만 명이 모였고 일본 수상이 자랑스럽게 말했습니다.

"우리 국민들은 그 단결력이 상상을 초월하므니다. 제가 손을 한번 흔들기만 하면 모두들 박수를 치며 환호할 것이므니다."

한국의 대통령이 말했습니다.

"그렇습니까? 대단하군요. 그럼 한번 손을 흔들어 보시지요?"

일본 수상은 자신만만하게 일본 국민들을 향하여 손을 흔들었습니다.

그러자 일본 국민들은 정말로 모두 박수를 치며 환호를 보내는 것이었습니다.

일본 수상은 우쭐하여 한국 대통령을 쳐다봤습니다.

그러나 한국 대통령은 아무렇지도 않다는 듯 말을 이었습니다.

"푸후후. 그렇군요! 하지만 우리 한국 국민들은 제가 손을 한번만 쓰면 여기 있는 국민들은 물론이요, 집에서 텔레비전을 시청하고 있는 모든 국민들까지 모두가 환호하며 기쁨을 감추지 못하고 거리로 뛰쳐나와 덩실덩실 춤을 출 것입니다."

그러자 일본 수상은 비웃듯이 말했습니다.

"하하하. 그렇스므니까? 그럼 어디 손을 한번 써 보시지요? 과연 그런지."

그러자 한국 대통령은 일본 수상의 뺨을 세차게 한방 후려쳤습니다.

한국 국민들이 어떠했겠습니까? 유머라지만 재미있지 않습니까?

어느 절에 갔더니 불자님이 헌공의식은 물론이고 제사 지내는 것까지 다 외우고 있었습니다. 이런 신도가 있을 때 스님이 실수라도 하게 되면 두말 할 것도 없이 그 스님은 창피를 당하기 마련입니다. 그리고 "나는 무슨 경을 외우는데 스님은 외우지도 못한다."라든지, "오늘 스님이 경을 읽는데 어디가 틀리더라. 어디를 빼고 건너뛰더라." 하는 식으로 마치 자신이 수행하는 스님보다 우월하다는 것을 자랑이라도 하듯이 이야기하기를 좋아하는 아상과 아만과 아집이 많은 가슴 아픈 재가불자들을 가끔 볼 수 있습니다.

그래서 부처님은 말씀하셨습니다.

"꼭 많이 배워야 하는 것이 아니다. 행(行)이 제일이다."

하나를 알더라도 꼭 실천을 하라는 것이 부처님의 말

씀이며 가르침입니다.

물론 경을 읽는 것은 좋은 수행 방법 중의 하나입니다. 문제는 지식, 알음알이만을 위한 목적으로 해서는 안 된다는 것입니다. 잘난 체하고 남보다 공부를 더 했다고 자랑하기 위해서 하면 안 된다는 것입니다. 정작 수행을 하는 사람은 하심을 하기 때문에 바깥으로 우쭐거리며 드러내지를 않습니다. 겉으로 드러내는 사람은 수행을 생각하는 것이 아니라 상(相)을 내는 것입니다. 그것은 그 마음 내면에 아만심이 가득 차 있기 때문입니다.

아만심이 있으면 설령 《금강경》을 거꾸로 외우더라도 아무런 공덕이 없습니다.

《법구비유경》〈솔천품〉을 보면, "입을 지키고 뜻을 다 잡아 몸으로 나쁜 일을 범하지 마라. 이와 같이 행하는 이는 이 세상을 잘 건너가리라."는 말이 있습니다.

중생이 고해인 이 사바세계에서 열반의 저 언덕으로 가기 위해서는 삼업을 깨끗이 하라는 것입니다. 부처님께서는 반야의 저 언덕을 넘기 위해서는 십악을 짓지 말고 십선을 잘 닦으라고 하셨습니다. 다르게 표현하면 끝없이 청정하라는 말입니다.

중국 당나라 때 백거이라는 유명한 사람이 있었습니다.
하루는 그가 진망산에 큰 스님이 계신다는 말을 듣고 직접 찾아 갔습니다.
그 스님은 항상 나무 위에서 둥지를 튼 새처럼 앉아 있는 조과 선사였습니다. 백거이는 나무 위를 올려다보며 질문하였습니다.
"스님, 불법이 무엇입니까?"
스님은 이렇게 대답했습니다.
"제악막작(諸惡莫作) 중선봉행(衆善奉行)
자정기의(自淨基意) 시제불교(是諸佛敎)
악한 일을 저지르지 말고 선한 일을 받들어 행하며, 마음을 깨끗이 하라. 이것이 부처님의 가르침이다."
이 말을 들은 백거이가 다시 물었습니다.
"스님, 그것은 세 살 먹은 어린애도 아는 것 아닙니

까?"

그러자 스님이 말씀하셨습니다.

"그렇지. 세 살 먹은 아이도 알지만 여든 살 먹은 노인도 행하기는 어려운 것이지."

이 짧은 문답을 통해서도 알 수 있듯이 착한 일을 많이 하고 나쁜 짓 하지 마라는 것입니다. 아무리 많이 불경을 외워도 실생활에 그 가르침을 실천하지 못하면 아무 소용이 없는 것입니다. 하루에 한 가지씩 착한 일을 하면 그 공덕이 오히려 더 큰 것입니다.

인간은 위태한 존재

인간은 힘들면 힘든 만큼 어려우면 어려운 만큼 그것을 견디고 일어나 극복할 수 있는 힘을 가진 존재입니다. 땅에서 넘어지면 땅을 딛고 일어나고, 재물을 잃어버리면 다시 재물을 모으기 위해 노력하는 동물입니다. 물러서지 않는 불퇴전의 자세로 어떤 고난이 닥쳐와도 이를 극복하겠다는 의지만 있으면 무엇이든지 이루지 못할 것이 없습니다.

"부지런히 정진한다면 어려운 일이 없을 것이다. 그러므로 너희들은 부지런히 정진해야 한다. 낙숫물이 떨어져 돌을 뚫는 것과 같다. 수행인의 마음이 게을러 정진을 쉬게 되면 그것은 마치 나무를 비비어 불씨를 얻으려 할 때 나무가 뜨거워지기도 전에 그만 두는 것과 같다. 그는 불씨를 얻고자 해도 얻지 못할 것이다."

《유교경》에 나오는 말입니다.

우리는 한여름에 바닷가나 강가에 가 보면 예쁜 조약돌이나 몽실몽실 둥글게 다듬어진 돌들을 많이 보았을 것입니다. 그 돌들이 처음부터 그렇게 작은 조약돌은 아니었을 것입니다. 오랜 세월 동안 강물에 서로 부딪히며 깎이고 깎여서 조약돌이 된 것입니다. 강물에 흘러 내려가면서 부드럽게 다듬어진 것입니다.

한 방울 한 방울 떨어지는 낙숫물이 그 단단한 돌에 구멍을 낼 수 있는 것과 같은 이치입니다. 이것은 이른바 수행에만 염두에 둔 말은 아닙니다.

세상을 살아가다 보면 모든 것이 잘 되는 순경(順境)만

있는 것이 아니라 어렵고 힘든 역경(逆境)도 만나게 됩니다. 이 역경은 우리의 삶을 더 고양시키는 밑거름이 됩니다.

그런데 대부분은 밑거름이 되는 이 역경에서 두 손을 들려고 하는 사람들이 많습니다. 그 벽을 허물고 나아가거나 그 벽을 타 넘으려는 사람들이 적다는 것입니다. 어떤 분야에서든지 일가를 이룬 사람들치고 어려움을 겪지 않은 사람들은 없습니다. 사실 이 세상을 살아가는 그 자체가 바로 어려움(八苦)이라고 부처님께서 말씀하셨습니다.

우리의 삶은 그 자체가 바로 고(苦), 즉 온갖 어려움으로 가득 차 있는지도 모릅니다.

어려움이 늘 따르기 때문에 우리에게는 종교라는 것이 있거나, 노력이라는 단어가 생겨났는지도 모릅니다. 모든 일이 뜻대로 다 된다면 열심히 살 필요도 없을 것이며, 한 때의 어려움을 이기지 못한다면 어쩌면 영원히 삼류인생을 살 수밖에 없을 것입니다.

우리는 부처님의 자랑스러운 제자들입니다. 우리의 가

정에는 분명히 불보살님들의 가피가 항상 곁에 있습니다. 그러니만큼 무엇보다도 여러분 스스로가 낙담만 하고 있어서는 안 됩니다.

여러분들의 자녀들이 겪는 시련 또한 자녀들을 단련시키는 좋은 스승이 될 수 있습니다. 여러분 스스로가 그렇게 믿고 자녀들에게 용기를 심어 준다면 자녀들도 쉽게 자포자기하는 인생을 살지는 않을 것입니다.

아무쪼록 우리는 자랑스런 불자라는 사실을 늘 잊어서는 안 됩니다. 자녀들은 물론 주변에 실의에 빠진 사람들이 있다면 부처님의 말씀을 전해 주어 항상 용기를 잃지 않고 다시 힘차게 일어 설 수 있도록 도움의 손길을 주어야 합니다.

불성을 가진 우리 인간은 무한한 능력들이 있습니다. 우리 인간은 쉽게 무너지고 포기하는 하찮은 동물이 아닙니다. 우리가 늘 잊지 말아야 할 것은 우리는 부처님의 따스하고 포근한 품 안에 있다는 것입니다. 그렇기 때문에 우리는 한시라도 부처님 품을 벗어나서는 안 되며, 한

시라도 부처님을 잊어서도 안 됩니다. 우리는 대자대비하고 위대하고 자랑스러운 부처님의 사랑스런 제자들이기 때문입니다.

  어려움이 있으면 부딪혀 이겨내고 더욱 용기를 내어 오늘 보다 더 밝은 내일을 위한 삶을 이어가시기 바랍니다.

마음속 보물찾기

 만약 "왜 살고 계십니까?"라고 물으면 각자의 입장에 따라 그 대답도 천차만별일 것입니다.

 평범하게 살아가는 대다수의 사람들은 "태어났으니 그냥 산다."고 하거나, "왜 사는지 조차 모르고 산다."라고 합니다. 또 사는 것 자체가 너무 힘들고 삶에 지쳐 늘 허덕이고 있는 사람들은 "죽지 못해서 살고 있지요."라고도 할 것입니다. 이 모든 사람들은 저마다 오늘 보다는 더 나은 내일을 꿈꾸며 열심히 삽니다.

 우리는 이렇듯 내일을 행복하게 살기 위하여 나름대로

각자 최선의 노력을 하고 있는데도 왜 행복하지 못한 것일까요?

그 이유는 결국 지혜롭지 못하게 살고 있다는 것에 초점이 맞춰지게 됩니다.

보조국사는 《수심결》에서 이렇게 말씀했습니다.

"슬프다. 요즘 사람들은 어리석어서 자기 마음이 참 부처인 줄 알지 못하고 자기 성품이 참 진리인 줄 모르고 있다.

진리를 멀리 성인들에게서만 구하려 하고 부처를 찾고자 하면서도 자기 마음을 살피지 않는다. 만약 마음 밖에 부처가 있고 성품 밖에 진리가 있다고 크게 고집하여 불도를 구한다면 이런 사람은 비록 티끌처럼 많은 세월 동안 몸을 태우고 온갖 고행을 닦는다 하여도 갠지스 강의 모래로 밥을 짓는 것과 같아서 보람은 없고 수고롭기만 할 것이다."

우리는 불성을 지닌 고귀한 존재입니다. 그러나 애석하게도 자기 안에 있는 불성을 밖에 있는 줄 알고 불성을 찾아 밖으로만 헤매고 있습니다. 때로는 욕망에 찌들고 거짓된 가치에 현혹되어 행복을 잃어버리고 고통스럽게 살기도 합니다. 행복과 불행은 마음 밖에 있는 것이 아니라 마음 안에 있다는 것을 깨달아 바람직하지 못한 생각을 갖지 않도록 해야 합니다.

인도의 전설 가운데 이런 이야기가 전해 오고 있습니다.

아주 오래 전에는 모든 사람들이 신과 똑같은 능력을 갖고 있었다고 합니다. 그런데 그만 사람들이 자신이 지니고 있는 능력을 너무 남용하여 신들의 지도자인 범천왕은 마침내 사람들에게 신의 자격을 박탈해야겠다고 결심하게 됩니다.

그런데 사람들에게서 빼앗은 신성을 어디에 숨겨야 할지 걱정되어 모든 신들이 모여 회의를 열었습니다. 어떤 신이 그것을 지구의 밑바닥 깊숙이 숨기는 것이 어떻겠냐고 제의했는데, 범천왕은 안 될 말이라고 하면서 그 의

견에 반대했습니다. 사람들은 지구의 저 밑바닥쯤은 문제없이 파고 들어가 마침내 그것을 다시 찾아낼 것이라고 범천왕은 보았던 것입니다.

이번에는 가장 깊은 바다 밑에 숨기자는 의견이 나왔는데, 범천왕은 또 반대를 하였습니다. 그 이유는 아무리 깊은 바다 속이라 할지라도 사람들은 결국 그 속에 들어갈 수 있는 방법을 생각해 내어 바다 밑을 샅샅이 뒤져 끝내는 다 찾아낼 것이라고 생각했기 때문입니다.

그러자 한 신이 그러면 가장 높은 산꼭대기에 숨기면 어떻겠냐고 그러면 아마 아무도 못 찾고 아무런 문제가 생기지 않을 것이라고 자신 있게 말했지만 이번에도 역시 범천왕은 반대를 했습니다. 그것은 사람들은 지구에 있는 높은 산이란 산은 다 뒤져서 기어 올라갈 것이며 결국 그것을 찾아내게 된다는 것이 반대 이유였습니다.

회의에 모인 신들은 땅이나 바다 어느 곳도 손길이 닿지 못할 만한 곳은 아무 데도 없다는 결론을 내리면서 걱정을 했습니다.

그때 범천왕은 사람들의 신성을 숨기려면 한 가지 방법 밖에 없는데 그것은 바로 사람들 자신 안에 감추는 것이라면서 설마 거기까지는 생각이 미치지 못할 것이라고 했습니다.

그 이후로 사람들은 그 잃어버린 무엇인가를 찾아서 산을 오르고 땅을 파고 바다 깊이 뛰어드는 탐험과 탐색을 해오고 있다는 것입니다.

그렇게 찾아 헤매는 그 무엇, 즉 신성이나 행복은 바로 자기 안에 있다는 사실을 눈치채지 못한 체 말입니다.

이제부터라도 우리 마음 안에 불성이 있다는 부처님의 가르침을 의심하지 말고 굳게 믿으며(信), 자신이 믿고 가르침이 어떠한 체계를 가지고 있으며, 또 진실한 뜻이 무엇인지를 이해하며(解), 믿고 깨달은 것을 일상생활 속에서 구체적인 삶의 형태로 실천함으로써(行) 부처님께서 이미 깨달으신 것처럼 우리도 깨달음을 증득했으면(證) 하는 생각입니다.

이런 삶을 살 때 비로소 부처님의 은혜에 보답하게 되

는 것입니다.

 이제부터라도 우리들은 "태어났으니 그냥 산다."고 하거나, "왜 사는지 조차 모르고 산다." 또는 "죽지 못해서 살고 있지요."라는 말을 뱉어내기 보다는 부처님 가르침의 지혜를 구하여 내 마음 깊숙이 숨겨진 그 불성을 찾아내어 삶 속에서 참다운 지혜를 다듬어 행복이라는 두 글자를 가슴에서 끌어내어 각자가 원하던 삶이 윤택하여졌으면 하는 바람입니다.

 누구에게나 있는 그 불성을 오늘부터라도 열심히 찾아서 내일은 오늘보다 더 행복한 삶이 되시길 기원합니다.

빛나는 지혜

 부처님께서는 보리수나무 아래서 깨달음을 얻고 난 후 45년 동안 진리를 세상에 펼치셨습니다. 부처님을 만나는 사람들은 자기 문제에서 벗어나 참으로 자유롭고 행복한 삶에 눈 뜨고 살았다고 합니다. 누구나 다 깨달음을 얻을 수 있었고 자기 인생을 스스로 개척해 나가며 즐겁게 살았다고 합니다.

 어두운 곳에서 무엇이 어떤 모양으로 있는지 알아내기란 힘듭니다. 손으로 더듬어서 감촉으로 간신히 이것이 무엇인가 보다 하고 미루어 짐작할 뿐입니다. 아직 확실히 모르기 때문에 이런저런 짐작을 끊임없이 하느라 우리들의 머릿속은 쉴 틈이 없습니다. 이것은 아직 무엇인지 모르기 때문에 나타나는 현상입니다. 그런데 만약 밝은 곳에서 눈을 뜨고 있다면 그냥 우리는 눈으로 보고 분명하게 말할 수 있습니다. 손으로 만지면서 이것이 무엇일까 고민할 필요가 없습니다. 확실히 물건이 보이기 때문에 다른 생각을 할 필요가 없습니다. 그래서 밝은 곳에서는 마음도 안정이 되고, 꼭 필요한 부분에서만 머리를 쓰면 됩니다. 밝은 곳에서는 그래서 답답함이 사라집니다. 이처럼 지혜는 어둠을 밝혀 주는 빛과 같은 것입니다.

부처님께서는 이 세상에 바로 그런 밝은 빛을 주신 분이십니다. 부처님은 세상의 모습을 있는 그대로 볼 수 있게끔 우리에게 그 가르침을 전해 주신 것입니다. 진리를 바로 알면 밝은 세상을 볼 수 있는 것처럼 모든 것이 분명해지기 때문에 마음이 흔들리거나 의심에 사로잡히는 그런 걱정은 하지 않아도 되는 것입니다.

2600여 년이 지난 지금 이 순간에도 사람들은 부처님의 가르침 속에서 자신의 문제를 해결하고 이 세상에 크게 이익이 될 만한 진리와 원리를 발견하곤 합니다.

요즘처럼 급속한 과학문명의 발전 속에서 서구문명의 사람들도 부처님 법에 바싹 다가앉으려 애를 쓰고 있습니다. 그래서 불교는 더욱 진리의 초점으로 인정을 받고 있습니다.

정말 우리의 부처님께서는 위대하시고 대단하신 분이란 것을 자랑스럽게 생각해야 합니다. 어느 누구도 부처님만큼 밝은 지혜를 준 사람이 없기 때문입니다. 그렇기에 우리는 쉼 없이 부처님이 말씀하신 법을 따라 보다 나은 세상을 바로 보는 밝은 빛을 찾을 수 있는 지혜를 구해야 합니다.

그래야만 지난 날처럼 헤매지 않고, 보다 더 밝은 곳에서 눈으로 보는 순간 매사를 판단할 수 있는 지혜가 열리는 것입니다.

번뇌를 이르는 말

번뇌란 운허 스님이 엮은 《불교사전》에 보면 이렇게 설명되어 있습니다.

번뇌: Klesa. 길레사(吉隸舍)라 음역하고, 혹(惑)·수면(隨眠)·염(染)·누(漏)·결(結)·박(縛)·전(纏)·사(使)·액(厄)·폭류(暴流)라고 한다.

이처럼 번뇌에는 여러 가지 이름이 있습니다. 이렇게 이름이 많다는 것은 그만큼 복잡하다는 말입니다. 위의 이름을 통해서 번뇌의 진정한 의미를 하나하나 살펴보도록 하겠습니다.

혹(或): 번뇌는 깨달음에 이르는 길의 장애물로 증오와는 정 반대의 개념인데, 우리의 마음을 의혹하기 때문에 붙여진 이름입니다.

수면(隨眠): 두 가지 뜻이 있는데 번뇌는 중생을 늘 따라 다녀 잠시라도 떨어지지 않기 때문에 '따른다'는 뜻의 한문 글자인 '수'와 그 작용이 어렴풋하여 마치 잠자는 상태와 비슷하므로 잠잔다는 뜻의 한자인 '면'이라는 글자를 합하여 수면이라고 하는 것입니다.

또 중생을 쫓아다녀 마음을 혼미하게 하는 것이 잠자는 것과 같으므로 이런 이름이 붙여진 것입니다.

그리고 번뇌의 종자라는 뜻인데 온갖 번뇌의 종자는 항상 중생을 따라 다니며 제8아뢰야식 중에 숨어 있으므로 수면이라 하며, 또 중생을 따라다니며 더욱 허물을 더하게 하는 것이 마치 사람이 잠자기를 좋아하며 오래 자는 것과 같으므로 이렇게 이름 붙여진 것입니다.

　염(染): '물들다', '때 묻다', '더럽다'라는 뜻인데 심성을 물들이고 더럽히기 때문에 붙여진 이름입니다.

　누(漏): '흐른다', '샌다'라는 뜻인데 눈, 귀 등의 육근을 통해서 쉴 새 없이 새어나와 그치지 않음으로 '누'라 하고 또 그치지 않고 우리 마음을 흘러다니기 때문에 '누'라고 하는 것입니다.

　결(結): '묶는다', '결박하다'의 뜻인데 번뇌는 우리의 몸과 마음을 결박하여 자유롭지 못하게 하기 때문에 붙여진 이름입니다.

　박(縛): 앞의 결과 같은 뜻으로, '속박', '결박'이란 의미인데 번뇌가 사람을 속박하여 자유자재하지 못하게 함으로 삼계윤회에 얽매이게 됨으로 붙여진 이름입니다.

　전(纏): '얽는다', '묶는다'는 한자어인데 사람의 몸과 마음을 얽매어 자유롭지 못하게 하기 때문에 붙여진 이름입니다.

　사(使): 결사라고도 하는데 '일을 시킨다', '일을 부린다'는 뜻입니다.

번뇌는 사람의 마음을 제멋대로 부려서 악업을 짓게 하기 때문에 '사'라고 하는 것입니다.

액(厄): 수레의 멍에를 말합니다. 소를 수레에 얽매는 기구입니다.

번뇌는 중생으로 하여금 여러 가지의 고뇌에 얽매이게 하므로 마치 수레의 멍에와 같다는 뜻으로 붙여진 것입니다.

폭류(暴流): 폭하라고도 하는데 큰물이 사납게 흘러 사람, 짐승, 집 등을 휩쓸어 가는 것과 같이 번뇌는 온갖 일을 빼앗아 감으로 폭류라는 이름이 붙여진 것입니다.

이와 같이 번뇌에는 여러 가지의 이름이 있는데, 그러면 번뇌의 종류에는 몇 가지가 있는지 알아보도록 하겠습니다.

번뇌는 크게 근본번뇌(根本煩惱), 수번뇌(隨煩惱)로 나눌 수 있습니다. 근본번뇌는 일체 번뇌의 근본이 되는 번뇌이며, 수번뇌는 이에 수반하여 일어나는 번뇌를 말합니다.

또 태어나면서부터 원천적으로 가지고 나오는 구생기번뇌(俱生起煩惱)와 잘못된 스승을 만나거나 잘못된 학설을 통해 생기거나 잘못된 생각을 함으로써 일어나는 분별기번뇌(分別起煩惱)로 구별하기도 합니다.

그리고 수혹(修惑)과 견혹(見惑)으로 나눌 수도 있는데 여기서 '혹'이란 말은 앞에서 설명한 것처럼 번뇌의 다른 이름입니다. 수혹은 사혹(思惑)이라고도 하고 세간 사물의 진상을 알지 못하는 데서 오는 번뇌를 말하며, 견혹은 진리를 깨닫지 못함으로 인해서 오는 번뇌를 말합니다. 견혹은 견번뇌(見煩惱)라고도 하고 견장(見障)이라고도 합니다. 견번뇌라고 하는 것은 진리를 잘못 보는 데서 생긴 번뇌, 진리를 보는데 장애가 되는 번뇌를 말합니다. 고·집·멸·도의 사성제 도리를 깨달으면 이 번뇌가 사라진다고 합니다.

이 견혹에는 그 자체에 신견·변견·사견·견취견·

계금취견 · 탐 · 진 · 치 · 만 · 의 등 10종이 있는데 이를 모두 합하여 10수면이라고도 합니다. 그러면 이 10수면의 의미를 하나하나 살펴보도록 하겠습니다.

신견(身見): 아견이라고도 합니다. 우리의 몸은 색 · 수 · 상 · 행 · 식의 오온이 인연 따라 일시적으로 모인 것이므로 항상 변하는 것인데, 이러한 진리를 알지 못하고 이 몸뚱이를 '나'라고 믿고 이 거짓 '나'에 속한 처자권속, 재산, 명예 등을 '나의 것'으로 여기는 잘못된 견해를 말합니다.

변견(邊見): 앞에서 말한 신견을 일으킨 뒤 내가 죽은 다음에도 항상 있다고 생각을 한다든가, 또는 아주 없어져 버린다고 생각을 한다든가 하는 어느 한 편에 치우친 견해를 말합니다. 인연 따라 생기고 인연 따라 없어지므로 항상 있다거나 아주 없어져 버린다는 생각은 잘못된 견해라는 것입니다.

사견(邪見) : 주로 인과의 도리를 무시하는 옳지 못한 견해를 말합니다. 진리에 어긋난 생각은 모두 사견이지만 그 가운데서도 진리의 근본인 인과의 도리를 무시하는 것은 그 무엇보다도 허물이 크기 때문에 사견이라고 하는 것입니다.

견취견(見取見): 소견을 고집하는 견이란 뜻인데, 앞의 잘못된 소견, 즉 신견, 변견, 사견을 일으키고도 이 생각이 옳다고 고집하여 진실이라고 믿는 잘못된 견해를 말합니다.

계금취견(戒禁取見): 계금, 즉 계로써 금하는 일에 대하여 생기는 그릇된 소견을 말하는데, 예를 들면 개나 소 따위가 죽은 뒤에 천상에 태어난다고 하여 개나 소처럼 풀을 먹고 똥을 먹는 등 짐승처럼 행동하면서 이것이 천상에 태어나는 원인이고 바른 길이라고 생각하는 것을 말합니다. 우리 주변에는 이런 생각을 하는 사람이 별로 없지만 인도 같은 나라에는 이런 생각을 하는 사람들이 많다고 합니다.

탐(貪): 탐욕(貪慾), 즉 사물을 지나치게 탐하는 욕심을 말합니다.

진(瞋): 노여움이란 뜻이며, 모든 것을 감정적으로 결정하고 올바른 가치 판단을 하지 못하는 상태를 말합니다.

치(癡): 어리석다는 뜻이며, 자기 마음대로 매사를 판단하고 만심(慢心)을 일으키고 있는 상태를 말합니다.

만(慢): 나와 남을 비교해서 남을 경멸하고 스스로를 높게 보는 잘못된 소견인데 쉽게 말하면 잘난 체 하는 마음입니다. 《구사론》에 보면 이 만의 종류에는 아홉 가지가 있다고 합니다.

의(疑): 부처님께서 가르친 진리에 대하여 믿지 못하고 망설이고 마음을 결정하지 못하는 것으로 신심에 대한 반대되는 마음입니다.

이외에도 번뇌는 백팔번뇌, 팔만사천번뇌 등으로 구분하기도 합니다. 백팔번뇌란 번뇌의 수가 108가지라는 것입니다. 염주에도 백팔염주가 있는데, 백팔번뇌를 다스리기 위한 것입니다. 번뇌의 수가 왜 108이냐고 묻는 분들이 계시기에 여기서 간략히 설명해 보겠습니다.

중생들의 안·이·비·설·신·의, 즉 눈·귀·코·혀·몸·뜻의 육근이 색·성·향·미·촉·법, 즉 빛·소리·향기·맛·감촉·관념 등의 육경을 대할 때마다 좋아하거나 싫어하거나 평등하거나 하는 여러 생각을 내게 되고, 또 이럴 때마다 괴롭다거나 즐겁다거나 무감각한 고·락·사의 삼수의 감정을 느끼게 됩니다.

그런데 이러한 번뇌가 6×6=36이 되고, 여기에 과거·현재·미래의 삼세가 곱해져서 108번뇌가 되는 것입니다.

《금강경》에 보면 "응무소주 이생기심(應無所住 而生起心)"이라는 구절이 나옵니다.

"보살은 어떤 마음을 가지고 살아야 합니까?"라는 수보리 존자의 물음에, 부처님께서는 "어디에도 집착하지 말고 마음을 내어야 한다."라고 말씀 하셨습니다.

아무 데도 집착을 하지 않는다면 아무 번뇌가 없겠지만 그러나 아무런 생각도 않는다면 바위나 돌, 식물인간과도 같을 것입니다. 집착하지 않고도 온갖 마음을 일으켜야만 머무름 없이 내는 마음이 되는 것입니다.

이처럼 집착하지 않고 일으키는 마음은 온갖 생각을 해도 그것은 불성을 가리는 번뇌가 아니라 바로 지혜광명인 반야입니다. 반야는 즉 보리심이기도 합니다.

집착하지 않고 마음을 내면 번뇌가 아니라 보리인데 중생이 가장 집착하는 것이 무엇인지 아십니까? 돈, 명예, 자식, 권력입니까?

아닙니다. 모든 사람이 가장 집착하는 것은 다름 아닌 자기 자신입니다.

이제부터라도 '나'라고 하는 집착에서 벗어나고, '내 것'이라는 좁은 소견을 버려 모든 분들이 해탈, 자유를 성취할 수 있기를 바랍니다.

일을 미루지 말자

　지금까지 살아오면서 억울하다는 생각을 몇 번이나 하셨습니까?

　만약 이런 생각을 많이 하며 살아왔다면 그것은 자신이 지어온 인연을 모르고 그저 제 잘났다는 어리석음 속에서 허우적거렸다는 말이 됩니다. 그러나 이런 생각은 감사하는 마음과 상대방을 이해하려는 마음을 가질 때 저절로 사라집니다. 자기 마음 하나 못 다루어 이렇게 저렇게 걱정하며 온갖 것에 흔들리니 주변 사람들에게 짜증을 내는 것입니다. 이렇듯 자신의 마음 하나도 제대로

다스리지 못하면 상대방을 편안하게 해줄 수 없는 것입니다.

"나도 상대방에게 잘해주지도 못하면서, 어찌 상대방이 내게 잘 대해 주기를 바라겠는가? 앞으로는 내가 모자람을 알아차리고 그저 잘해주어야겠구나!" 하는 마음을 갖고 살면서 실천해야 합니다. 물론 힘들고 어려울 것입니다. 그러나 쉽지 않다고 포기하지 말고 생각을 긍정적으로 바꾸어 보면 마음이 움직이는 것을 느낄 수 있습니다.

"예전에 어렸을 때 내 모습 그대로구나." 하면서 무조건 잘해주려는 마음만 내면 됩니다. 여기서 중요한 것은 실천을 계속 했느냐 못했느냐에 달린 것입니다. 사람들은 어떤 일을 해야겠는데 하기 싫으면 곧잘 다음으로 미룹니다. 나중에 한다거나, 내일 한다거나, 다음에 한다고 합니다. 그런데 다음이 되면 또 하기 싫은 것입니다. 그러다 보면 마음에 부담만 되고 해야 할 일은 그대로 남아 있게 됩니다. 여기서 문제의 해결은 마음먹은 것을 즉시 실천을 하는 데 달려 있는 것입니다.

"이번 주에는 어느 사찰을 가 봐야지!"

"이번 주에는 고향에도 가보고 와야지!"

"이번 주에는 어느 절 스님이라도 친견하고 와야지!"

각각의 생각을 많이 하실 것입니다. 그러나 정녕 중요한 것은 정말 한번 마음먹은 것을 포기하고 다음으로 미루느냐, 아니면 실천하느냐의 차이는 너무나도 엄청난 결과를 가져옵니다. 지금 사업이 어렵고 힘들다고 하시는 분들은 사업하는 동안에 흑자가 생겼던 적이 있었던가를 생각해 보시고 그 동안에 혹시라도 바쁘다는 핑계로 사업자 간에 약속을 미루었던 적은 없었던가를 되뇌어 보시기 바랍니다.

흥할 때 만사를 우습게 보고, 바쁠 때 사람들 대하기를 우습게 여기지는 않았는지 생각해 봐야 합니다. 이것이 가장 중요한 실패의 원인이 될 수 있습니다.

한 선사가 제자를 데리고 뜰을 산보하고 있었는데 갑

자기 바람이 불면서 나뭇잎들이 하나 둘 떨어지기 시작했습니다. 선사는 한 걸음 한 걸음 걸을 때마다 낙엽을 주워 소맷자락 속에 집어넣었습니다. 이 모습을 보고 있던 제자가 "스승님, 제가 곧 쓸겠사오니 그만두십시오."라고 말했습니다.

그러자 선사는 조용히 타일렀습니다.

"여보게 곧 쓸겠다는 말만으로는 깨끗해지지가 않네. 이처럼 나뭇잎을 하나 주웠으니 주운만큼 깨끗해지지 않나"

바로 이런 것입니다. 걸어간 만큼 목적지에 도달하는 이치와 같은 것입니다.

불자의 행동은 바로 마음과 일치해야 합니다. 길을 나설 생각은 하지도 않고 갔다 와야지 말만 하고 생각만 하여 일을 미룬다면 평생 그 자리에 머물고 마는 인생이 됩니다. 그 보다는 모든 것을 툭툭 털고 갔다 와야지 하고 곧바로 육바라밀을 새기면서 즉시 실천할 수 있는 그런 불자가 되어야 합니다. 그래야만 반야의 언덕을 넘어 갈 수 있는 것입니다.

부처님이 주신 지팡이

눈 먼 사람에게 대낮은 훤하게 밝으니 마음 놓고 걸어가도 된다고 하기 보다는 지팡이 하나라도 만들어줄 줄 아는 것이 바로 보살도를 행하는 길입니다.

눈 먼 사람은 훤한 대낮이라고 해서 마음 놓고 길을 갈 수 없습니다. 아무리 조심스레 다녀도 웅덩이에 발을 빠뜨리거나 벽에 부딪히기 쉽습니다.

부처님은 세상을 눈 먼 상태로 걸어가는 우리에게 바로 지혜라는 지팡이를 건네 주셨습니다. 우리는 부처님께서 주신 그 지혜라는 지팡이를 들고도 갈 길을 헤맨다면 부처님이 우리 중생에게 건네주신 지팡이는 아무 소용이 없을 것입니다.

부처님께서는 우리 중생들의 모든 고뇌와 괴로움을 잊는 방법을 가르쳐 주셨지만 우리는 그 가르침을 알면서도 행하질 못하여 늘 중생심 속에서 괴로움의 지게를 지고 살아가고 있습니다.

부처님께서는 모든 중생들이 괴로움이란 본래 실체가 없는 것임을 직접 깨달아서 해탈을 이루도록 말씀하셨습니다. 이러한 힘이 부족한 사람들에게 괴로움이란 무엇인가 하는 것을 구체적으로 설명하여 차츰차츰 그 수준이 높아지면 그때 가서 비로소 본래의 깨달으신 내용을 말씀하시겠다는 생각으로 한 걸음 물러나시어 중생들의 수준에 맞춰서 차별적인 법문을 설하셨는데 이것을 '퇴설삼승(退說三乘)'이라고 합니다.

이처럼 부처님께서 우리 중생들의 수준에 맞춰 설법을 해주셨는데도 우리가 그 법을 지니지 못한다면 수준이 낮은 게 아니라 배우고 실천하려는 마음이 사라진 동물에 불과한 것입니다.

사람들은 간혹 엉뚱한 일을 저질러 놓고 자기 자신도 모르게 "내가 눈에 무엇이 씌었나?"라고 말합니다. 이 현상은 집착 때문에 일어납니다. 무엇에 너무 집착을 하다 보니 지혜를 잃고 무작정 집착을 좇은 결과입니다.

우리는 이런 집착을 버리고 중도로 사는 밝은 지혜를 잊어서는 안 됩니다.

"세상은 괴롭다. 그러나 괴로움에는 원인이 있다. 그 원인만 제거하면 행복한 삶이 있다. 행복을 위해서 중도를 실천하라."

지금의 이 자리에서 떠나 극락을 찾지 마시고 오늘을 버리고 내일을 바라면서 살아서도 안 됩니다. 현실 가운데서 바로 이 시간이 제일 중요한 찰라입니다.

이 순간순간을 바르게 마음먹고 지혜의 눈으로 세상 이치를 중도에서 행하면 얼마든지 행복 할 수 있다는 말씀입니다.

부처님께서 우리 중생에게 주신 지팡이는 눈 먼 무지

의 세상에서 살아가려면 꼭 필요한 물건입니다. 부처님
이 주신 지팡이를 집 안에 놔두고 거리를 헤매는 일이 없
기를 바랍니다.

참회하며 참회하며

참회하며 참회하며
나날을 살아도
참회 할 것이 너무나 많아
내 목숨 마치어도
아마 다 못하고 끝날 것 같습니다.

태어날 때부터
참회하는 것을 알았다면
아마 지금 보다는

덜 헤매었을 텐데……

현생에 지은 과보에 참회하기도 바빠
전생에 지은 업장은 참회할 시간도 없습니다.

내 금생의 명은 끝이 다가오나
내 내생의 준비는 시작도 아니 했습니다.

내생에 내가 다시
중생의 몸을 받는다면
그 몸을 받을 때 나는
굶음에 허덕이며
삶에 허덕이고
내 받은 몸을 팽개치려는
그런 사람에게서 태어나길 바랍니다.

그러면 아마

마음 좋으신 스님네가 날 불러
어릴 때부터 참회하는 마음을 가르쳐 주겠지요.

내가 내생에는
눈 뜨자마자 부처님 전에 놓여있기를
오늘도 바라며 참회를 합니다.

아득한 과거부터 제가 지은 모든 악업
크고 작은 모든 것이 탐진치로 생기었고
몸과 말과 생각으로 거침없이 지었기에
저는 지금 모든 죄업 참회하고 비나이다.

끝 모를 참회의 끝을 찾아서 말입니다.

애리가(哀離歌)
- 여자의 아픔

정든부모 남겨두고 시집이라 와서보니
무엇부터 해야하나 누구에게 정붙히나
이런저런 고민속에 구박만이 날라오고
믿고믿은 낭군마저 내낭군이 아니였나

어이그리 무심할꼬 어이그리 냉정할꼬
시어머니 시집살이 우리낭군 나몰라라
이게정말 시집인가 이게정말 행복인가
어이내가 왔었던고 가고싶네 가고싶어

좋은풍경 사진보면 그속에서 살고싶고
좋은시를 만나면　시속으로 푹빠지어
한숨짓고 눈물지며 살다보니 40일세
깊은산사 찾아갈까 덕망스님 만나볼까
간다간다 하면서도 하루해만 넘어가고
모든것을 못떠나니 이내신세 한심하네.

믿는낭군 나를두고 몇날며칠 길떠나고
자라나는 자식마저 이내속만 썩히는데
누굴잡고 울어보리 누굴보고 매달리리
눈물쏟고 가슴치니 이내속만 썩는구나
어이하리 어이하리 이런것이 팔자인가
길고긴날 기다려도 오지않는 웃음소리
낭군인들 알아주나 자식인들 알아주나
그럭저럭 타는것은 이내가슴 뿐이로고

수건한장 다적시게 눈물쏟고 쏟아봐도

가슴속의 응어리는 사라지지 않는구나
스님에게 메어볼까 부처님께 울어볼까
마음놓고 울고싶네 속시원히 울고싶네

어느누가 이내설움 연실풀듯 풀어줄까
지나치는 사람들은 나를보고 부러워해도
이내속을 다모르니 부럽기도 하련마는
누가아리 이내속을 누구라서 달래주리

내일이면 떠나볼까 모래면 떠나볼까
허구헌날 가고파도 그모두가 마음이라
가슴속에 젖어드는 눈물샘을 어이막나
삼경이   깊어가도 궂은비가 내리어도
보이는건 눈물이요 흐르는건 신세로세
누구없소 누구없소 이내가슴 달래주소

나좀보소 나좀보소 이내수건 말려주소

어이이리 애가타나 어이이리 숨막힐까
장마철에 둑터지듯 이내속은 앓뚫리나
무슨세상 이다지도 허구헌날 울리는고

잠자리에 누워봐도 꿈속에는 빗줄기뿐
자리털고 해를봐도 가슴속은 장마로세
어이푸나 어이풀어 이엉어리 어이푸나
갈팡질팡 안절부절 대채내가 무얼하나

흔들의자 앉었는가 갖은업보 받는건가
우리부모 계실때는 의지하며 위안받고
그부모가 세상뜨니 이세상에 홀로일세
낭군인들 알아주나 자식인들 알아주나

이래저래 속태우다 50줄에 앉었구나
늘어나느 흰머리는 주름따라 흘러내려
사지육신 내맘대로 말안듣고 버티는데

어이할꼬 어이할꼬 이상태로 늙는건가

쉬고싶고 가고싶어 지나온길 찾아봐도
쉬고보고 웃고파도 이내갈길 없는건가
누구에게 메달리리 누구에게 소리치리
누구없소 누구없소 누가한번 말해보오

가도가도 끝이없는 내가받는 업보인지
누굴잡고 울어볼까 누굴따라 나서볼까
어느메로 가야만이 내쉴곳이 있을손가
둘러봐도 찾아봐도 심신산골 뿐이련가

그산속에 머물면서 풍경소리 벗을삼고
목탁소리 불경소리 들어보면 나으려나
넓던가슴 좁아지고 좁은가슴 미어터져
애걸한번 못해보고 60줄에 앉는구나

먼저떠난 낭군마저 이럴때는 야속하고
숨만쉬고 누웠어도 마음든든 하더니만
속썩히고 떠나가니 그낭군이 더야속해
텅빈집에 홀로앉아 지난청춘 불러보고
거울속에 비친모습 모든것이 슬픔일세

이제내몸 눕고나면 어느누가 찾아올까
무덤가엔 잡초들이 무성하게 안날련가
시시때때 누가와서 이내대신 울어줄꼬
이런저런 모든생각 놓지못할 번뇌로세

여보시오 가는길손 내손잡고 같이가소
가는길에 동무되어 살아온길 얘기하고
마지막에 가는이길 내게웃음 주어보소
그가는길 험하여도 가기전에 주름펴고
실컷웃다 가고싶오 제발나좀 웃겨주소
가는길손 내말듣소 그대생각 어떻하오

이런저런 모든것이 전생업의 인연인데
홀로가면 어찌하오 이길만은 같이가소
이내무덤 상석앞에 꽃한송이 않놓여도
이가는길 웃고가면 그것으로 만족하오

지나온길 모든것이 허사로운 길이였고
찾아가는 모든것이 기쁜환희 길일진데
그런길을 가면서도 어이울고 가오리까
웃겨보소 웃겨보소 이내얼굴 웃겨보소

여보시오 여보시요 웃음일랑 막지마오
두고두고 울고온길 이길마저 울으리까
허구헌날 참으면서 눈물세월 보냈는데
이제가는 이길만은 웃어보며 가고싶오

내품떠난 자식들도 애미심정 모르듯이
이내몸도 우리엄니 속타는줄 몰랐다오

이제모두 훌훌벗고 이제모두 훌훌털고
가는길이 즐거웁게 웃음한번 웃겨주소

탐 · 진 · 치

초판 인쇄   2010년 1월 15일
초판 발행   2010년 1월 20일

지은이   운월야인 진각
펴낸이   이규만
편 집   황혜선
교 정   임동민
펴낸곳   참글세상
등록일자 : 2009년 3월 11일
등록번호 : 제300-2009-24호
주 소   우) 110-320 서울시 종로구 낙원동 58-1
         종로오피스텔 1020호
전 화   02-730-2500, 725-2800
팩 스   02-723-5961

ISBN 978-89-963038-2-4 93220

*잘못된 책은 바꾸어드립니다.
*값은 뒤표지에 있습니다.